崇雅堂書録
崇雅堂碑録

第二册

甘鵬雲 撰
劉 暢 趙 嘉 點校
張志清 審定

書目題跋叢書
中華書局

崇雅堂書録卷之五

潛江甘鵬雲藥樵編

史部七

傳記類

孔子編年五卷

宋胡仔撰。嘉慶戊寅胡培翬刻本。《四庫》著録。

孔子集語二卷

宋薛據撰。乾隆丁丑孔廣棨刻本。湖北局本。

東家雜記二卷

宋孔傳撰。《琳瑯秘室叢書》本。《四庫》著録。

孔氏祖庭廣記十二卷

金孔元措撰。《琳瑯秘室叢書》本。

闕里志二十四卷

明陳鎬撰。明崇禎癸酉刻本。《四庫》存目。

闕里文獻考一百一卷

清孔繼汾撰。乾隆壬午刻本。

孔子集語十七卷

清孫星衍、嚴可均同輯。《平津館叢書》本。

孔子世家補訂一卷

清林春溥撰。《竹柏山房叢書》本。

先聖生卒年月考二卷

清孔廣牧撰。廣雅書局本。湖北書局本。

孔孟編年四卷

清狄子奇撰。道光庚寅刻本。

孟子生卒年月考一卷

清閻若璩撰。《四書釋地》附刻本。《學海堂經解》本。《四庫》存目。

孟子時事略一卷

清任兆麟撰。《心齋十種》本。

孟子四考四卷

清周廣業撰。《經解續編》本。

孟子列傳纂一卷

清林春溥撰。《竹柏山房叢書》本。

以上傳記類聖賢之屬

鄭學録四卷

清鄭珍撰。記漢鄭玄事。同治乙丑唐炯刻本，并入《遺書》。

諸葛忠武傳一卷

宋張栻撰。《十萬卷樓叢書》本。

諸葛忠武志六卷

清張鵬翮撰。康熙丙戌刻本。

諸葛忠武故事五卷

清張澍撰。嘉慶十七年刻本。

陶隱居内傳三卷

宋賈嵩撰。舊抄《道藏》本。光緒癸卯葉德輝《觀古堂彙刻書》本。

魏鄭公諫録五卷

唐王方慶撰。《畿輔叢書》本。王先謙刊本。《四庫》著録。

魏鄭公諫續録二卷

元翟思撰。武英殿本。《畿輔叢書》本。王先謙刻本。《四庫》著録。

魏文貞故事拾遺三卷魏文貞年譜一卷

清王先恭撰。王先謙刻本。

李相國論事集七卷

唐蔣偕撰，述李絳事。《畿輔叢書》本。《四庫》著録。

忠獻韓魏王遺事一卷

宋强至撰，記宋韓琦事。明重刻《百川學海》本。乾隆四年《安陽集》附刻本。

忠獻韓魏王別録三卷

宋王堯叟撰。《安陽集》附刻本。

忠獻韓魏王家傳十卷

宋無撰人名氏。《安陽集》附刻本。按，宋史傳記有韓正彦撰韓琦《家傳》，疑即此書。

范文正公言行拾遺事録四卷鄱陽遺事録一卷褒賢集五卷

無撰人名氏。清康熙丁亥范氏歲寒堂刻本。

王文正公遺事一卷

宋王素記其父事。明重刻《百川學海》本。

曾公遺録三卷

宋曾布自撰。《藕香零拾》本。

豐清敏公遺事一卷

宋李朴撰。記豐稷事。咸豐二年《小萬卷樓叢書》本。

蘇長公外紀十二卷

明王世貞撰。明萬曆甲午璩之璞燕石齋校刻本。

東坡事類二十二卷

清梁廷枏撰。道光庚寅梁氏家刻本。

崔清獻公言行録三卷

宋李肖龍撰。記崔與之事。《嶺南遺書》本。

金陀粹編二十八卷續編三十卷

宋岳珂撰。元刻本。浙江書局本。《四庫》著録。

葉石林遺事三卷附一卷

清葉德輝輯宋葉夢得事。宣統三年刻《石林遺書》本。

宋忠定趙周王别録八卷

清葉德輝輯，宋趙汝愚事。宣統辛亥刻本。

安定言行録二卷

清丁寶書撰。光緒丙戌丁寶書刻《月河精舍叢書》本。

薛文清公行實録一卷

無撰人名氏。《薛文清集》附刻本。

北行日譜一卷附書一卷

明朱祖文記周忠介瑠禍事。《知不足齋叢書》本。

袁督師事蹟一卷

無撰人名氏。《嶺南遺書》本。

錢牧翁遺事一卷

無撰人名氏。風雨樓活字排印本。

明懿安皇后外傳一卷

清紀昀删訂。峭帆樓本。

孝獻皇后行狀一卷傳一卷

清金之俊撰。《松鄰叢書》本。

清孝定景皇后事略一卷

清紹英撰。《松鄰叢書》本。

陸麗京雲遊記一卷

清陸圻女陸莘行撰。風雨樓活字排印本。

金粟逸人遺事一卷

清朱琰撰。記張芑堂徵君燕昌遺事。風雨樓活字排印本。

求闕齋弟子記三十二卷

清王定安撰。記曾文正公學行政蹟。光緒二年刻本。

鄭鄤事蹟一卷

不著撰人名氏。風雨樓活字本。

羽琌山民逸事一卷

不著撰人名氏。風雨樓活字本。

以上傳記類名人之屬

三輔决録二卷

漢趙岐撰。道光元年張澍輯刻《二酉堂叢書》本。道光十四年茆泮林輯刻《十種佚書》本。

高士傳三卷

晉皇甫謐撰。《漢魏叢書》本。湖北局本。《四庫》著録。

春秋列國諸臣傳三十卷

宋王當撰。《通志堂經解》本。《四庫》著録。

古孝子傳一卷

漢劉向撰。茆泮林輯刻《十種佚書》本。

漢末英雄記一卷

魏王粲撰。《漢魏叢書》本。《四庫》存目。

襄陽耆舊記三卷

晉習鑿齒撰。乾隆戊申任兆麟刻《心齋十種》本。

唐才子傳十卷

元辛文房撰。光緒己卯吳門書林重排印日本《佚存叢書》本。陸芝榮三間草堂刻本。

武英殿刻本。《粵雅堂叢書》本。《四庫》著録八卷。

萬柳溪邊舊話一卷

元尤玘撰。《知不足齋叢書》本。光緒丙申《常州先哲遺書》本。按此玘記其家世先人言行。《四庫》存目。

錢唐先賢傳一卷

宋袁韶撰。《知不足齋叢書》本。《武林掌故叢編》本。《四庫》著録。

京口耆舊傳九卷

宋人撰。《粵雅堂叢書》本。《四庫》著録。

浦陽人物記二卷

明宋濂撰。《知不足齋叢書》本。《四庫》著録。

景仰撮書一卷

宋無撰人名氏。光緒丁酉《常州先哲遺書》本。按，此書皆載古人佳言善行，自來目録不載。本黄丕烈舊藏，黄跋以爲出於宋人，不知乃明人撰。載高儒《百川書志》目也。

元祐黨籍碑考一卷

明海瑞撰。《嶺南遺書》本。《四庫》存目。

元祐黨人傳十卷

清陸心源撰。光緒己丑自刻本。

紹興十八年同年録二卷

宋人撰。因朱子此榜中而傳。乾隆癸卯謝袞活字排印本。《粤雅堂叢書》本，止上卷。《四庫》著録一卷。

伊洛淵源録十四卷

宋朱子撰。吕留良寶誥堂刻《朱子全書》本。同治五年左宗棠重刻《正誼堂叢書》本。《四庫》著録。

名臣言行録前集十卷後集十四卷

宋朱子撰。道光元年洪瑩仿宋刻本。《四庫》著録。

名臣言行録續集八卷别集二十六卷外集十七卷

宋李幼武編。道光元年洪瑩仿宋刻本。《四庫》著録。

學統五十六卷

清熊賜履撰。康熙原刻本。《湖北叢書》本。《四庫》存目。

道統録二卷附録一卷

清張伯行撰。《正誼堂全書》本。《四庫》存目。

南宋遺民録十五卷

明程敏政撰。《知不足齋叢書》本。

備遺録一卷

明張芹撰。紀建文殉節諸臣姓名。《豫章叢書》本。《四庫》存目。

廣州人物傳二十四卷

明黄佐撰。《嶺南遺書》本。《四庫》存目。

百越先賢志四卷

明歐大任撰。《嶺南遺書》本。《四庫》著録。

楚寶四十五卷

明周聖楷撰，清鄧顯編《考異》。湘中刻本。《四庫》存目。

晉陵先賢傳四卷

明歐陽東鳳撰。傳鈔本。鵬雲校刻本。《四庫》存目二卷。

寶祐四年登科録二卷

宋人撰。因文天祥此榜中而傳。謝袞活字排印本。《粤雅堂書》本，止下卷。《四庫》著録一卷。

昭忠録一卷

宋人撰。紀宋末死節諸人事。《粤雅堂叢書》本。《守山閣叢書》本。《四庫》著録。

元朝名臣事略十五卷

元蘇天爵撰。《畿輔叢書》本。《四庫》著録。

洪武四年登科録一卷

明洪武時官撰。《藝海珠塵》本。

古今列女傳三卷

明解縉等奉敕撰。永樂九年内府刊本。《四庫》著録。

廣名將傳二十卷

明黄道周撰。《海山仙館叢書》本。

殿閣詞林記三十二卷

明廖道南撰。明刻本。《四庫》著録。

松窗快筆一卷

清龔立本撰。《小石山房叢書》本。

嘉靖以來首輔傳八卷

明王世貞撰。明刻本。傳鈔本。《借月山房叢書》本。《四庫》著録。

山陽録一卷書事一卷

明陳貞慧撰。光緒丙申《常州先哲遺書》本。

明名臣言行録九十五卷

清徐開仕撰。崑山徐氏刊本。

東林列傳二十四傳

清陳鼎撰。康熙中刻本。《四庫》著録。

儒林宗派十六卷

清萬斯同撰。辨志堂刊本。《四庫》著録。

古懽録八卷

清王士禎撰。康熙庚辰刻本。

修史試筆二卷

清藍鼎元撰。《鹿洲全集》本。《四庫》存目。

正學續四卷

清陳遇夫撰。《嶺南遺書》本。

逆臣傳四卷貳臣傳十二卷

國史館撰。道光十年京都琉璃廠半松居士活字排印本。

國朝滿漢名臣傳八十卷

國史館撰。坊刻袖珍板本。

續高士傳五卷

清高兆撰。《觀自得齋叢書》本。《四庫》存目。

留溪外傳十八卷

清陳鼎撰。《常州先哲遺書》本。《四庫》存目。

國朝入祀賢良王大臣傳一卷循吏[一]傳一卷儒林傳二卷文苑傳二卷

國史館撰。京師坊刻本。

史傳三編五十六卷

清朱軾撰。高安《朱氏藏書十三種》本。《四庫》著録。

〔一〕「吏」，原作「史」，當作「吏」。

國朝宋學淵源記二卷附一卷

清江藩撰。《粤雅堂叢書》本。

從政觀法録三十卷

清朱方增撰。道光庚寅刻本。

文獻徵存録十卷

清錢林撰。咸豐八年王藻刻本。

昭代名人尺牘小傳二十四卷

清吴修撰。《述古叢抄》本。

前徽録一卷

清姚世德撰。《咫進齋叢書》本。

賢母録四卷

清黄本驥撰。《三長物齋叢書》本。

國朝先正事略六十卷

清李元度撰。同治丙寅刻本。

碑傳集一百六十卷

清錢儀吉撰。江蘇書局本。

續碑傳集一百六十卷

清繆荃孫撰。光緒丙午刻本。

碑傳集補六十一卷

近人閔爾昌編。活字板本。

鶴徵録八卷

清李吉撰。李富孫、遇孫補。嘉慶十四年刻本。

鶴徵後録十二卷

清李富孫撰。嘉慶十四年刻本。

己未詞科録十二卷

清秦瀛撰。嘉慶十二年刻本。

詞科掌録十七卷餘話八卷

清杭世駿撰。原刻本，無年月。

東越儒林後傳一卷東越文苑後傳一卷

清陳壽祺撰。《左海全集》本。

疇人傳四十六卷

清阮元撰。《文選樓叢書》本。袖珍本。

續疇人傳六卷

清羅士琳撰。《文選樓叢書》本。

國朝耆獻彙徵四百八十四卷外藩表傳二百四卷賢媛彙徵十二卷

清李桓編。光緒庚寅李氏刻本。

姚氏先德傳七卷

清姚瑩撰。同治丁卯子濬昌刻本。

中興將帥別傳三十卷

清朱孔彰撰。光緒丁酉江寧刻本。又上海石印本。

疇人傳三編七卷

清諸可寶撰。《南菁書院叢書》本。

吳門耆舊記一卷

清顧承撰。《小石山房叢書》本。

國史儒林傳叙録二卷

清繆荃孫撰。風雨樓活字排印本。

國朝文苑傳一卷國朝孝子小傳一卷

清易順鼎撰。慕臯廬刻本。

大清畿輔先哲傳四十卷列女傳六卷

近人徐世昌撰。天津徐氏家刻本。

楚師儒傳八卷

鵬雲纂。崇雅堂刻本。

以上傳記類總録之屬

右史部傳記類一百二十五種，二千五百五十一卷，重者不計。

史部八

史鈔類

兩漢博聞十二卷

宋楊侃編。《粤雅堂叢書》本。《四庫》著録。

漢雋十卷

宋林鉞撰。明萬曆甲申刻本。《四庫》存目。

通鑑總類二十卷

宋沈樞撰。明萬曆中司禮監刻本。《四庫》著録。

十七史詳節二百七十三卷

宋吕祖謙撰。明仿宋刻本。《四庫》存目。

南朝史精語十卷札記一卷

宋洪邁撰。《四庫》存目。

史纂左編一百二十四卷

明唐順之撰。《四庫》存目。

史記纂不分卷

明凌稚隆撰。萬曆刻本。

四史鴻裁四十卷

明穆文熙撰。明刻本。《四庫》存目。

七雄策纂八卷

明穆文熙撰。明刻本。

南史識小録八卷北史識小録八卷

清沈名蓀、朱昆田同編。《四庫》著録。

南北史捃華八卷

清周嘉猷撰。分三十五目，略依《世説》。通行本。

新舊唐書合鈔二百六十卷

清沈炳震撰。海甯查氏刻本。

新舊唐書合鈔補正六卷

清丁子復撰。同治辛未刻本。

右史部史鈔類十四種，七百八十八卷，一種無卷數，重者不計。

史部九

載記類

十六國春秋一百卷

後魏崔鴻撰。乾隆四十六年汪曰桂刻大字本。明屠喬孫刻本。《四庫》著録。

別本十六國春秋十六卷

後魏崔鴻撰。《漢魏叢書》本。《四庫》著録。

十六國疆域志十六卷

清洪亮吉撰。《北江全集》本。曾孫用懃重刻《北江遺書》本。

十六國春秋纂録校本十卷

清湯球撰。廣雅書局本。

華陽國志十二卷附録一卷

晉常璩撰。《漢魏叢書》本。《函海》本。《四庫》著録。

鄴中記一卷

晉陸翽撰。武英殿聚珍板本。《四庫》著録。

江南餘載二卷

宋無撰人名氏。《知不足齋叢書》本。《函海》本。《龍威秘書》本。《四庫》著録。

江南别録一卷

宋陳彭年撰。《古今説海》本。《四庫》著録。

三楚新録三卷

宋周羽翀撰。《古今説海》本。《四庫》著録。

五國故事二卷

宋無撰人名氏。《知不足齋叢書》本。《龍威秘書》本。《函海》本。《四庫》著録。

蜀檮杌二卷

宋張唐英撰。《藝海珠塵》本。《函海》本。《四庫》著録。

南唐書十八卷音釋一卷

宋陸游撰。汲古閣刻本。《述古叢鈔》本。《四庫》著録。

南唐書三十卷

宋馬令撰。《述古叢鈔》本。《四庫》著録。

九國志十二卷拾遺一卷

宋路振撰。《海山仙館叢書》本。《粤雅堂叢書》本。《守山閣叢書》本。

吴越備史四卷補遺一卷

宋范坰、林禹同撰。錢塘丁丙刻本。《四庫》著録，題錢儼撰。

江南野史十卷

宋龍衮撰。《豫章叢書》本。《四庫》著録。

十國春秋一百十四卷

清吴任臣撰。乾隆癸卯刻本。《四庫》著録。

越史略三卷

宋不著撰人名氏。《守山閣叢書》本。《四庫》著録。

西魏書二十四卷附録一卷

清謝啟昆撰。乾隆己卯家刻本。光緒壬辰溧陽繆氏補刻本。

南漢書十八卷叢録四卷南漢文字四卷

清梁廷柟撰。道光己丑家刻本。

南漢地理志一卷

清吴蘭修撰。《嶺南遺書》本。

南漢紀五卷

清吴蘭修撰。《嶺南遺書》本。

藩部要略十八卷表四卷

清祁韻士撰。道光丙午刻本。

西遼立國始末一卷

清丁謙撰。風雨樓活字排印本。

西夏記二十八卷

近人開縣戴錫章撰。活字板本。

右史部載記類二十五種，四百六十八卷，重者不計。

史部十

政書類

硃批諭旨三百六十卷

雍正十年奉敕校刊。朱墨套板。乾隆三年内府刊本。《四庫》著録。

大義覺迷録四卷

雍正御撰。内府刊本。

陸宣公奏議十五卷制誥十卷附録一卷

唐陸贄撰，宋郎曄注。淮南書局仿元翠巖精舍刻本。

政府奏議二卷

宋范仲淹撰，康熙丁亥裔孫時崇刻本。《四庫》著録。

范忠宣公奏議二卷

宋范純仁撰。康熙丁亥范時崇刻《二范全集》本。

包孝肅奏議十卷

宋包拯撰。《粤雅堂叢書》本。光緒乙亥張樹聲刻《廬州三賢集》本。《四庫》著録。

盡言集十三卷

宋劉安世撰。《畿輔叢書》本。《四庫》著録。

許國公奏議四卷

宋吴潛撰。《十萬卷樓叢書》本。

中興備覽三卷

宋張浚撰。蔣光煦刻《涉聞梓舊》本。

石林奏議十五卷

宋葉夢得撰。光緒乙酉陸心源皕宋樓仿宋刻本。

朱文公奏議十五卷

宋朱子撰。明萬曆甲辰范氏刻本。《四庫》存目。

李忠定公奏議六十九卷附録九卷

宋李綱撰。明正德刊本。《四庫》存目。

趙忠定公奏議四卷

宋趙汝愚撰。清葉德輝編輯。宣統辛亥刊本。

王端毅公奏議十五卷

明王恕撰。明刻本。《四庫》著録。

三垣疏稿三卷

明許譽卿撰。《藝海珠塵》本。

見素奏議七卷

明林俊撰。傳鈔本。

垂光集二卷

明周璽撰。張樹聲刻《廬州三賢集》本。《四庫》著録。

蘭臺奏疏三卷

明馬從聘撰。《畿輔叢書》本。《四庫》存目。

王少司馬奏疏二卷
明王家楨撰。《畿輔叢書》本。

于少保奏議十卷
明于謙撰。《武林往哲遺書》本。

經遼疏牘十卷
明熊廷弼撰。湖北通志局據日本舊鈔刻本。

馬太僕奏略二卷
明馬孟貞撰。嘉慶壬申八世孫鼎梅刊本。

左侍御奏議一卷
明左光斗撰。康熙元年聶芳刊本。

兵垣奏議一卷

明陳子龍撰。光緒二十三年陳遹聲刊本。

華野疏稿五卷

清郭琇撰。雍正乙卯家刻本。《四庫》著録。

靳文襄奏議十六卷

清靳輔撰。公子治豫刊本。《四庫》著録八卷。

健餘奏議十卷撫豫條教四卷

清尹會一撰。《畿輔叢書》本。

鹿洲奏疏一卷

清藍鼎元撰。《鹿洲全集》本。

郭給諫疏稿二卷

清郭尚賓撰。《嶺南遺書》本。

袁侍郎奏稿一卷

清袁希祖撰。同治十一年刊本。

林文忠公政書三十七卷

清林則徐撰。光緒年間刊本。

東溟奏稿四卷

清姚瑩撰。同治丁卯子濬昌刻本。

松龕奏疏二卷

清徐繼畬撰。山西活字板本。

耐庵奏議存稿十二卷

清賀長齡撰。光緒壬午刊本。

倭文端公奏疏一卷

清倭仁撰。家刻《遺書》本。

駱文忠公奏議十六卷

清駱秉章撰。四川刻本。

沈文肅公政書七卷

清沈葆楨撰。光緒庚辰活字版本。

彭剛直公奏稿八卷

清彭玉麐撰。光緒辛卯吴下刊本。

胡文忠公遺集八十八卷

清胡林翼撰。湖北局刻本。

劉中丞奏議五十卷

清劉蓉撰。湖南刻本。

曾文正公奏稿三十六卷書札三十二卷批牘六卷

清曾國藩撰。家刻全集本。書札、批牘皆政書，附列於此。

曾忠襄公奏議三十二卷

清曾國荃撰。家刻《全集》本。

李肅毅伯奏議十三卷

清李鴻章撰。石印本。

張文襄公奏稿五十卷公牘二十八卷函稿七卷電稿六十六卷

清張之洞撰。許同莘編校本。

屠光禄奏疏四卷

清屠仁守撰。胡思敬校刊本。

歷代名臣奏議三百五十卷

明黄淮楊士奇等奉勅編。張溥删正。明崇禎八年刻本。《四庫》著録。

歷代名臣奏議集略四十卷

明歐陽一敬、魏時亮同編。隆慶己巳王廷瞻刻本。

昭代經濟言十四卷

明陳子壯編。《嶺南遺書》本。

歷代名臣奏議詳節三百十九卷

明張溥删正。崇禎八年刻本。有闕卷。

名臣經濟録五十三卷

明黄訓編。明新安刊本。《四庫》著録。

右編四十卷

明唐順之編。劉曰寧補訂刊本。《四庫》存目。

切問齋文鈔三十卷

清陸燿編。乾隆乙未刊本。此書皆詳於政治，故列此。

明臣奏議四十卷

乾隆四十六年敕編。武英殿聚珍板本。《四庫》著録誤作二十卷。

皇朝經世文編一百二十卷

清賀長齡、魏源編。長沙原刊本。以下數種皆政治家言，故列此。

經世文續編一百二十卷

清葛士濬編。活字板本。

經世文新編三十二卷

清麥孟華編。上海石印本。

畜艾文編八十卷

清于寶軒編。上海活字版本。

以上政書類詔令奏議之屬

通典二百卷

唐杜佑撰。武英殿刊本。同治十年學海堂覆刻殿本。杭州局本。崇仁謝氏刻本。《四庫》著録。

通志二百卷

宋鄭樵撰。武英殿本。杭州局本。《四庫》著録，入别史。

文獻通攷三百四十八卷

元馬端臨撰。杭州局本。明嘉靖三年司禮監刻本。明正德戊寅慎獨齋刷刻本。《四庫》著録。

續通典一百四十四卷

乾隆三十二年敕撰。武英殿本。杭州局本。《四庫》著録。

續通志五百二十七卷

乾隆三十二年敕撰。武英殿本。杭州局本。《四庫》著録，入别史。

續文獻通攷二百五十二卷

乾隆十二年敕撰。武英殿本。杭州局本。《四庫》著録。

續文獻通攷二百五十四卷

明王圻撰。明萬曆刊本。

皇朝通典一百卷

乾隆三十二年敕撰。武英殿本。杭州局本。《四庫》著録。

皇朝通志二百卷

乾隆三十二年敕撰。武英殿本。杭州局本。《四庫》著録。

皇朝文獻通考二百六十六卷

乾隆十二年敕撰。武英殿本。杭州局本。《四庫》著録。

通志略五十一卷

明陳宗夔輯。金壇于氏刻本。

文獻通攷詳節二十四卷

清嚴虞惇輯。乾隆二十九年刻本。

三通典輯要七十六卷

清蔣麟振輯。光緒二十八年石印本。

三通攷輯要七十六卷

清湯壽潛輯。圖書集成局活字板本。

漢制攷四卷

宋王應麟撰。《玉海》附刻本。《四庫》著録。

西漢會要七十卷

宋徐天麟撰。廣州刻本。《四庫》著録。

東漢會要四十卷

宋徐天麟撰。廣州刻本。《四庫》著録。

唐會要一百卷

宋王溥撰。武英殿聚珍板本。《四庫》著録。

五代會要三十卷

宋王溥撰。武英殿聚珍板本。《四庫》著録。

宋朝事實二十卷

宋李攸撰。武英殿聚珍板本。《四庫》著録。

建炎以來朝野雜記四十卷

宋李心傳撰。聚珍板本。《函海》本。《四庫》著録。

漢唐事箋十二卷後集八卷

元朱禮撰。《粤雅堂叢書》本。

元典章前集六十卷

無撰人名氏。光緒法律館重刻本。《四庫》存目。

明會典一百八十卷

明弘治十年徐溥等奉敕撰。明内府刻本。《四庫》著録。

大明會典二百二十八卷

明萬曆年間續纂。明内府刻本。

大清會典一百卷

乾隆二十九年敕撰。上海活字版本。《四庫》著録。

大清會典圖説事例一千一百三十二卷

嘉慶二十三年敕撰。武英殿本。《會典》凡四次敕撰，以嘉慶本爲最備。康熙三十三年、雍正五年、乾隆二十九年，均止《會典》一百卷。

吾學録初編二十四卷

清吴榮光撰。廣州刻本。江蘇局本。

光緒新法令二十册

商務印書館排印本。

宣統新法令十五册

商務印書館排印本。

以上政書類通制之屬

漢舊儀二卷補遺二卷

漢衛宏撰。武英殿聚珍板本。平津館本。《四庫》著録。

漢官一卷漢官解詁一卷

漢王隆撰，胡廣注。《平津館叢書》本。

漢舊儀一卷

無撰人名氏。《知服齋叢書》本。

漢官儀二卷

漢應劭撰。《平津館叢書》本。

漢官典職儀式選用一卷

漢蔡質撰。《平津館叢書》本。

漢儀一卷

吴丁孚撰。《平津館叢書》本。《知服齋叢書》本。

唐六典三十卷

唐玄宗御撰，李林甫註。掃葉山房本。《廣雅叢書》本。《四庫》著録。

翰林志一卷

唐李肇撰。《百川學海》本。《四庫》著録。

唐御史臺精舍題名一卷

唐崔湜撰。《讀畫齋叢書》本。

唐御史臺精舍題名攷三卷

清勞格趙鉞撰。光緒十二年丁寶書刻《月河精舍叢鈔》本。

唐尚書省郎官石柱題名考二十六卷

唐陳九言撰，清趙鉞、勞格撰考。《月河精舍叢鈔》本。

麟臺故事五卷

宋程俱撰。武英殿聚珍版本。浙江縮聚珍本。《十萬卷樓叢書》本。《四庫》著録。

翰苑羣書十二卷

宋洪遵撰。《知不足齋叢書》本。《四庫》著録二卷。

宋中興學士院題名一卷中興東宫官寮題名一卷中興行在買賣提轄官題名一卷

宋不著撰人名氏。錢大昕定爲宋何異撰。《藕香零拾》本。

南宋館閣録十卷續録十卷

宋陳騤撰。《續録》不著撰人名氏。《武陵掌故叢編》本。《四庫》著録。

翰林記二十卷

明黄佐撰。《嶺南遺書》本。《四庫》著録。

漢官答問五卷

清陳樹鏞撰。《振綺堂叢書》本。

歷代職官表七十二卷

乾隆四十五年敕撰。廣雅書局本。《四庫》著録六十三卷。

樞垣記略十六卷

清梁章鉅撰。道光十五年刻本。

官箴一卷

宋吕本中撰。《百川學海》本。《四庫》著録。

晝簾緒論一卷

宋胡太初撰。《百川學海》本。《四庫》著録。

州縣提綱四卷

宋不著撰人名氏。《長恩書室叢書》本。《函海》本。《四庫》著録。

臣軌二卷

唐武后撰。日本刻《佚存叢書》本。

三事忠告四卷

元張養浩撰。《貸園叢書》本。《四庫》著録。

牧民忠告一卷

元張養浩撰。《四庫》存目。

政學録五卷

清鄭端撰。《畿輔叢書》本。《四庫》存目。

培遠堂文檄偶存稿四十八卷

清陳宏謀撰。桂林陳氏家刻本。

州縣事宜一卷

清田文鏡撰。丁日昌刻本。

牧鑑十卷

清楊昱撰。《得月簃叢書》本。

牧令書輯要十卷保甲書輯要四卷

清徐棟撰。同治辛未黎培敬刻本。

蜀僚問答一卷

清劉衡撰。同治辛未黎培敬刻本。《讀畫齋叢書》本。

學治臆説二卷續説一卷説贅一卷

清汪輝祖撰。《龍莊全書》本。《知不足齋叢書》本。

佐治藥言一卷續一卷

清汪輝祖撰。《龍莊全書》本。《知不足齋叢書》本。

吏治輯要一卷

清倭仁撰。《文端遺書》本。

以上政書類職官之屬

救荒活民書三卷拾遺一卷

宋董煟撰。《長恩書室叢書》本。《四庫》著録。

熬波圖一卷

元陳椿撰。上虞羅氏《吉石庵叢書》摹《永樂大典》本。《四庫》著録。

救荒活民書補遺二卷

明朱熊撰。同治八年崇文書局刻本。《四庫》存目。

農政全書六十卷

明徐光啟撰。道光癸卯曙海樓刻本。

救荒備覽四卷
清勞潼撰。《嶺南遺書》本。

廣惠編二卷軺車雜録二卷
清朱軾撰。《朱文端公遺集》本。

荒政叢書十卷
清俞森撰。《長恩書室叢書》本。《守山閣叢書》本。《四庫》著録。

荒政輯要九卷
清汪志伊撰。同治八年湖北崇文書局本。

捕蝗考一卷
清陳芳生撰。《長恩書室叢書》本。《藝海珠塵》本。《四庫》著録。

除蝗八要一卷捕蝗要訣一卷

清錢昕和撰。湖北局本。

籌濟編三十二卷

清楊景仁撰。道光九年費丙章刻本。

學治一得編二卷

清何耿繩撰。湖北局本。

康濟録六卷

清倪國璉撰。道光戊申瓶花書屋刻本。《四庫》著録。

團防芻議一卷擬陳政本疏一卷

清瞿方梅撰。自刻本。

以上政書類民政之屬

鹽政志十卷

明朱廷立撰。明嘉靖八年刻本。《四庫》存目。

浙鹺紀事一卷附録一卷

明葉永盛撰。《武林掌故叢編》本。

長蘆鹽法志四十卷

清珠陸阿撰。通行本。

山東鹽法志二十二卷援證十卷

清吉輪撰。嘉慶刊本。

四川鹽法志四十卷

清丁寶楨撰。四川刊本。

河東鹽法備覽八卷

無撰人名氏。光緒刊本。

鹽法通志一百卷

清周慶雲撰。活字印本。

兩淮鹽法志一百六十卷

清曾國荃撰。淮南書局本。

淮北票鹽志略十五卷續略十二卷

清童濂撰，《續》許寶書撰。淮南書局刻本。

兩浙鹽法志三十卷備攷十二卷

闕名。浙江刻本。

鹽法議略一卷

清王守基撰。《滂喜齋叢書》本。

丁漕指掌二十卷

闕名。武昌局本。

江蘇海運全案十二卷

清賀長齡纂。道光刊本。

浙江海運漕糧全案彙編八卷

清馬新貽編。同治刊本。

光緒會計録八卷

清李希聖撰。自刻本。

以上政書類邦計之屬

漢禮器制度一卷

漢叔孫通撰。《平津館叢書》本。

大唐開元禮一百五十卷

唐開元中蕭嵩等奉敕撰。江蘇書局本。《四庫》著録。

元婚禮貢舉攷一卷

不著撰人名氏。《風雨樓叢書》本。

大金集禮四十卷

金張瑋撰。廣雅書局本，附繆荃孫《校勘記》一卷，廖廷相《校勘識語》一卷。

大明集禮五十三卷

明徐一夔等奉敕撰。明内府刻本。闕一册。《四庫》著録。

謚法三卷

漢劉熙撰，晉孔晁注。清孫彤輯。《問經堂叢書》本。

謚法四卷

宋蘇洵撰。邵仁泓刻《蘇老泉集》本。《四庫》著録。

國朝謚法攷一卷

清王士禎撰。《漁洋全集》本。《四庫》存目。

皇朝謚法考五卷補編一卷

清鮑康撰。同治三年歙鮑氏家刻本。

辨定嘉靖大禮議十卷

清毛奇齡撰。《西河全集》本。《藝海珠塵》本。《四庫》存目。

北郊配位尊西向議二卷

清毛奇齡撰。《西河全集》本。《藝海珠塵》本。《四庫》著録。

制科雜録一卷

清毛奇齡撰。《西河全集》本。《四庫》存目。

幸魯盛典四十卷

清孔毓圻等撰。康熙二十八年衍聖公府刻本。《四庫》著録。

南巡盛典一百二十卷

乾隆三十五年敕撰。内府刻本。《四庫》著録。

東朝崇養録四卷

清徐松撰。《松鄰叢書》本。

大清通禮儀纂六卷

清劉師陸撰。道光八年家刻本。

大清通禮五十卷

乾隆元年敕撰。武英殿刻本。《四庫》著録。

大清通禮五十四卷

道光四年敕撰。江蘇書局本。禮部刻本。

以上政書類典禮之屬

補漢兵志一卷

宋錢文子撰。《知不足齋叢書》本。徐乃昌《隨庵叢書》仿宋本，附《札記》。《四庫》著録。

歷代兵制八卷

宋陳傅良撰。《長恩書室叢書》本。《守山閣叢書》本。《四庫》著録。

唐折衝府考四卷

清勞經撰。《鄦齋叢書》本。

唐折衝府考補一卷

近人羅振玉撰。自輯《國學叢刊》本。

馬政紀十二卷

明楊時喬撰。明刻本。《四庫》著録。

以上政書類軍政之屬

漢律考七卷

清程樹德撰。京都刻本。

唐律疏義三十卷

唐長孫無忌等撰。《岱南閣叢書》本。光緒十七年諸可寶校刊本，附釋文。《四庫》著録。

唐開元律名例一卷

唐牛仙客撰，清王仁俊疏證。宣統三年王氏石印本。

宋刑統賦一卷

宋傅林撰。《藕香零拾》本。

大明律三十二卷

明洪武三十年修。嘉靖三十三年刻本。《四庫》存目。

唐明律合編三十卷
清薛允升輯。天津徐氏退耕堂刊本。

大清律例四十七卷卷首一卷
乾隆五年三泰等奉敕編。通行本。湖北局本。《四庫》著録。

律例便覽八卷處分則例六卷
清蔡嵩年輯。江蘇書局本。

讀律心得三卷
清劉衡撰。同治辛未黎培敬刻本。

以上政書類刑律之屬

營造法式三十四卷
宋李誡奉敕撰。靈石楊氏連筠簃刻本。《四庫》著録。

河工器具圖説四卷

清麟慶撰。道光丙申刻本。

武英殿聚珍版程式一卷

乾隆四十一年金簡奉敕撰。武英殿聚珍版本。《四庫》著録。

安瀾紀要二卷迴瀾紀要二卷

清徐端撰。刻本。

楚北水利隄防紀要二卷

清俞昌烈撰。同治四年刻本。

荆楚修疏指要四卷

清胡祖翮撰。湖北局本。

襄隄成案八卷

無編輯人名氏。光緒間刻本。

以上政書類攷工之屬

通商約章類纂三十五卷

清徐宗亮編。光緒十二年廣東善後局刻本。

約章分類輯要三十八卷

清蔡乃煌編。通行本。

交涉要覽

無卷數。江楚編譯局石印本。

以上政書類外交之屬

右史部政書類一百九十三種，六千一百一十八卷，一種無卷數，重者不計。

崇雅堂書録卷之五終

崇雅堂書録卷之六

潛江甘鵬雲藥樵編

史部十一

地理類

王隱晉書地道記一卷太康三年地記一卷

清畢沅輯。《經訓堂叢書》本。

十三州志一卷

唐袁郊撰，清張澍輯。《二酉堂叢書》本。

括地志八卷

唐魏王泰撰。清孫星衍輯。《岱南閣叢書》本。

元和郡縣志四十卷

唐李吉甫撰。江南局本。《畿輔叢書》本，附《考證》。《四庫》著録。

元和郡縣志逸文三卷

清繆荃孫輯。《雲自在龕叢書》本。

太平寰宇記一百九十三卷

宋樂史撰。乾隆間萬廷蘭刻本，附《一統志表》。江蘇局本。《四庫》著録。

太平寰宇記補闕五卷又半卷

《古逸叢書》影宋刻本。

元豐九域志十卷

宋王存等奉敕撰。江南局本。《四庫》著録。

輿地廣記三十八卷附札記三卷

宋歐陽忞撰。士禮居校刻宋本。江南局本。《四庫》著録。

輿地紀勝二百卷

宋王象之撰。道光二十九年揚州岑氏刻本。

明一統志九十卷

明李賢撰。弘治乙丑慎獨齋刻本。《四庫》著録。

天下郡國利病書一百二十卷

明顧炎武撰。道光三年龍萬育刻本。《四庫》存目。

乾隆府廳州縣圖志五十卷

清洪亮吉撰。《北江遺書》本。

大清一統志五百卷

乾隆二十九年敕編。武英殿本。《四庫》著録。

皇朝輿地韵編二卷附圖一卷

清李兆洛撰。李鴻章刻《李氏五種》本。

歷代地理韵編今釋二十卷

清李兆洛撰。《李氏五種》本。

歷代地理沿革圖一卷

清李兆洛撰。《李氏五種》本。

皇朝一統輿圖三十二卷

清胡林翼撰。湖北刻本。

廣輿記二十四卷

清蔡方炳撰。嘉慶七年刻本。《四庫》存目。

輿地沿革表四十卷

清楊丕復撰。光緒十四年楊彝珍刻本。

皇朝輿地略二册不分卷

清六嚴撰。廣州王氏聽春雨軒刻本。

歷代輿地沿革險要圖一卷

清楊守敬撰。光緒五年東湖饒敦秩刻本。

廣志繹五卷

明王士性撰。《台州叢書》本。

禹貢九州今地考二卷

清曾廉撰。光緒三十二年刻本。

以上地理類總志之屬

交州記一卷

晉劉欣期撰，清曾釗輯。《嶺南遺書》本。

始興記一卷

宋王韶之撰，清曾釗輯。《嶺南遺書》本。

吴郡圖經續記三卷

宋朱長文撰。《琳琅秘室叢書》本，附胡珽《校勘記》一卷，董金鑑續《補校》一卷。《待月簃叢書》本。《四庫》著録。

乾道臨安志三卷

宋周淙撰。《粤雅堂叢書》本。《式訓堂叢書》本。《武林掌故叢編》本。《四庫》著録。

吴郡志五十卷

宋范成大撰。《守山閣叢書》本。烏程張鈞衡景宋刻本，附《校勘記》一卷。《四庫》著録。

新安志十卷

宋羅願撰。康熙戊子黃以祚仿宋刻本。光緒戊子李宗湄刻本。《四庫》著録。

長安志二十卷圖三卷

宋宋敏求撰。《經訓堂叢書》本，附元李好文圖三卷。

紹熙雲間志三卷

宋楊潛撰。《觀自得齋叢書》本。

嘉定吴興志二卷

宋談鑰撰。南林劉氏嘉業堂刻本。

嘉定赤城志四十八卷

宋陳耆卿撰。《台州叢書》本。《四庫》著録。

嘉定鎮江志二十二卷

宋盧憲撰。宣統庚戌金陵刻本，附《校勘記》二卷。

武昌乘一卷

宋不著撰人名氏。萍鄉文廷式由《永樂大典》輯出。鈔本。柯逢時刻本。

淳祐臨安志六卷

宋施諤撰。《武林掌故叢編》本。

景定建康志五十卷

宋周應合撰。嘉慶六年孫星衍校刻本。《四庫》著録。

咸淳臨安志九十三卷札記三卷

宋潛説友撰，黄士珣校。道光庚寅汪遠孫刻本。《四庫》著録。

玉峰志三卷

宋凌萬頃、邊實同撰，清繆荃孫校勘。光緒戊申刻本。

玉峰續志一卷

宋邊實撰，清繆荃孫校勘。光緒戊申刻本。

至正崑山志六卷

元楊譓撰。《觀自得齋叢書》本。咸豐元年錢師璟刻本。光緒三十四年繆朝荃校刻本。

齊乘六卷附考證六卷

元于欽撰。乾隆辛丑周慶承刻本。《四庫》著録。

河南志四卷

元不著撰人姓氏。《藕香零拾》本，附圖一幅。

武功縣志三卷

明康海撰。乾隆辛巳瑪星阿刻本。《四庫》著録。

朝邑縣志二卷

明韓邦靖撰。《小石山房叢書》本。《四庫》著録。

沔陽州志十八卷

明童承叙撰。沔陽盧氏校刻本。

滇略十卷

明謝肇淛撰。《雲南備徵志》本。《四庫》著録。

楚絶書二卷

明陳士元撰。《歸雲别集》本。

楚故略二十卷

明陳士元撰。《歸雲外集》本。前書紀山水物産，此書紀建置興廢、郡縣風俗。

弘治太倉州志十一卷

明桑悦撰。清繆荃孫校勘，光緒丁未刻本。

嶺海輿圖一卷

明姚虞撰。《守山閣叢書》本。《四庫》著録。

萬曆秀水縣志十卷

明黄洪憲撰。活字排印本。

偏關志二卷

明盧承業撰。清劉炎馬振文兩次增修。民國乙卯活字印本。

嘉靖羅田縣志八卷

明祝珝修。蔡元偉等纂。王葆心鉛印明嘉靖二十一年本。

滿州源流考二十卷

乾隆四十三年敕撰。内府刻本。石印本。《四庫》著録。

日下舊聞四十卷

清朱彝尊撰。康熙間朱昆田校刻本。

日下舊聞考一百二十卷

乾隆三十九年敕撰。内府刻本。《四庫》著録。

黔書二卷

清田雯撰。《古歡堂全集》本。

續黔書八卷

清張澍撰。《粤雅堂叢書》本。

牂柯客談七卷

清曾廉撰。光緒三十二年刻本。

蜀典十二卷

清張澍撰。嘉慶二十二年刻本。

廣陵通典十卷

清汪中撰。揚州書局本。

吴疆域圖説三卷

清范本禮撰。《南菁書院叢書》本。

光緒湖北輿地記二十四卷

湖北輿圖局撰。光緒二十年刻本。

柳邊紀略一卷

清楊賓撰。《昭代叢書》本。

黑龍江外紀八卷

清西清撰。《漸西村舍叢書》本。廣雅書局刻本。

龍沙紀略一卷

清方式濟撰。《昭代叢書》本。《借月山房彙鈔》本。

黑龍江述略六卷

清徐宗亮撰。《觀自得齋叢書》本。

甯古塔紀略一卷

清吴振臣撰。《漸西村舍叢書》本。

吉林外紀十卷

清薩英額撰。《漸西村舍叢書》本。廣雅書局刻本。

吉林地志一卷鷄林舊聞録四卷

近人魏聲龢撰。活字排印本。

東三省沿革表六卷

近人吴廷燮撰。退耕齋刻本。

盛京典制備攷八卷

清崇厚撰。光緒四年刻本。

衛藏通志十六卷

清和琳撰。《漸西村舍叢刻》本。

雍正浙江通志二百八十三卷

清雍正七年敕修，沈翼機、傅王露、陸奎勳等纂，方黍如、諸錦、周長發、厲鶚、杭世駿、沈德潛、吴焯、朱稻孫、汪沆等分修。光緒己亥浙江書局刊本。《四庫》著録。

雍正湖廣通志一百二十卷

清邁柱修，夏力恕纂。雍正十一年刻本。

雍正山西通志二百三十卷

清覺羅石麟等監修，儲大文定例。雍正十二年刊本。《四庫》著録。

雍正山東通志三十六卷

清岳濬等監修。乾隆元年刻本。《四庫》著録。

乾隆江南通志二百卷

清尹繼善修，黄文雋纂。乾隆元年刊本。《四庫》著録。

嘉慶廣東通志三百三十四卷

清阮元撰。道光二年刻本。

嘉慶湖北通志一百卷

清吴熊光修。嘉慶年間刻本。

湖北通志檢存稿六卷未成稿一卷

清章學誠撰。吴興劉氏嘉業堂刻《章氏遺書》本。

嘉慶四川通志二百四卷

清楊芳燦等修。嘉慶二十一年刻本。

同治畿輔通志三百卷

清黄彭年等纂。光緒丙戌刻本。

同治福建通志二百七十八卷

清孫爾準修，陳壽祺等纂。同治六年刻本。

光緒江西通志一百八十五卷

清劉澤、趙之謙等纂。光緒六年刻本。

光緒山西通志一百八十四卷

清王軒、楊篤等纂。光緒十八年刻本。

光緒吉林通志一百二十二卷

清長順修，李桂林纂。光緒十七年刻本。

宣統湖北通志一百七十二卷

清張仲炘等纂。宣統三年刻本。

康熙靈壽縣志十卷

清陸隴其撰。康熙三十五年刻本。

康熙潛江縣志二十卷

清朱載震撰。光緒五年重刻本。

雍正朔平府志十二卷

清劉士銘纂。雍正十一年刻本。

雍正沁源縣志十卷

清王廷掄纂。雍正八年刻本。

乾隆西安府志八十卷

清嚴長明、莊炘纂，畢沅序。乾隆己亥刻本。

乾隆渾源州志十卷

清桂敬順等纂。乾隆癸未刊本。

乾隆河南府志一百十六卷

清施誠纂。乾隆己亥刻本。

乾隆太原府志六十卷

清費淳、沈樹聲等纂。乾隆四十八年刻本。

乾隆汾州府志三十四卷

清戴震纂。乾隆三十六年刻本。

乾隆荆門州志三十六卷

清舒成龍纂。乾隆十九年刻本。

乾隆江陵縣志五十八卷

清崔龍見修，黄義尊纂。乾隆五十九年刻本。

乾隆安邑縣志十六卷

清吕瀶纂。乾隆二十八年刻本。

乾隆安邑縣運城志十六卷

清吕瀶纂。乾隆二十八年刻本。

嘉慶江甯府志五十六卷

清姚鼐纂。金陵重刻本。

嘉慶松江府志八十四卷

清宋如林修，莫晉、孫星衍、朱渌同纂。嘉慶二十三年刻本。

嘉慶海州志三十二卷

清唐仲冕撰，凌廷堪、許桂林、唐鑑同修。嘉慶十三年刻本。

道光肇慶府志二十二卷

清胡士森、江藩纂。光緒二年重刻本。

道光寶慶府志一百四十三卷首末九卷

清鄧顯鶴纂。道光廿八年刻本。

道光萬全縣志十卷

清施彦士撰。道光十四年刻本。

咸豐同州府志三十四卷附文徵三卷

清蔣湘南纂。咸豐二年刻本。

同治江夏縣志八卷

清彭崧毓撰。同治八年刻本。

同治漢川縣志二十二卷

清林祥紱撰。同治十二年刻本。

同治河源縣志十五卷

清彭君穀撰。同治十二年刻本。

同治南漳縣志二十六卷

清胡正楷撰。同治乙丑刻本。

同治宜昌府志十六卷

清王柏心撰。同治三年刻本。凡十八册，闕一册。

同治石首縣志八卷

清朱榮實撰。同治五年刻本。

同治鄖西縣志十八卷

清程光第纂。同治五年刻本。

同治荆門州志十二卷

清恩榮纂。同治七年刻本。

同治襄陽縣志七卷

清崔淦纂，李士彬續纂。同治十三年刻本。

同治湖州府志九十六卷

清周學濬、陸心源等纂。同治十三年刻本。

同治山陽縣志二十一卷

清丁晏、何紹基同撰。同治十二年刻本。

同治蒲圻縣志八卷

清顧際熙修。同治刻本。

同治宜城縣志十卷

清程啟安修。同治五年刻本。

同治監利縣志十二卷

清王柏心纂。同治十二年刻本。

同治應山縣志三十六卷

清朱榮實修，吴天錫纂。同治十年刻本。

同治上江兩縣志二十八卷叙録一卷

清劉壽曾、汪士鐸纂。同治甲戌刻本。

同治蘇州府志一百五十卷

清馮桂芬纂，王頌蔚、葉昌熾、雷浚分纂。光緒七年江蘇書局刻本。

同治揚州府志二十四卷

清錢振倫纂，劉恭冕分纂。同治十三年刻本。

同治漢陽縣志二十八卷

清王柏心纂。同治七年刻本。

同治桂陽直隸州志二十七卷

清王闓運撰。同治刻本。

光緒順天府志一百三十卷

清張之洞、繆荃孫纂。光緒甲申刻本。

光緒羅田縣志八卷

清管貽葵修，陳錦纂。光緒二年刻本，凡十六册。

光緒江陵縣誌六十四卷

清柳正笏纂。光緒二年刻本。

光緒唐縣志十二卷

清張惇德纂。光緒四年刻本。

光緒通州志十一卷

清王維珍纂。光緒五年刻本。

光緒潛江縣續志十卷

清史致謨纂。光緒六年刻本。

光緒渾源州續志十卷

清賀澍恩纂。光緒六年刻本。

光緒川沙廳志十四卷

清陳方瀛修。光緒五年刻本。

光緒安邑縣續志六卷

清張承熊纂。光緒六年刻本。

光緒歸安縣志五十一卷

清陸心源撰。光緒七年刻本。

光緒沁源縣續志四卷

清董餘三纂。光緒七年刻本。

光緒京山縣志二十七卷

清曾憲德纂。光緒八年刻本。

光緒寶山縣志十四卷

清吴康壽修。光緒八年刻本。

光緒鳳陽府志二十一卷

清馮煦、王詠霓纂。光緒三十四年刻本。

光緒松江府續志四十卷

清博潤修。光緒十年刻本。

光緒武進陽湖縣志三十卷

清湯成烈纂。光緒己卯刻本。

光緒光化縣志八卷

清鍾桐山修。光緒十年刻本。

光緒襄陽府志二十六卷志餘一卷忠義録一卷

清王萬芳纂。光緒十一年刻本。

深州風土記二十一卷

清吴汝綸撰。光緒二十六年文瑞書院刻本。

呼蘭府志十二卷

近人黄維翰撰。民國四年刻本。

重修南漳縣志二十卷

近人向承煜纂。石印本。

新修岳陽縣志十六卷

近人王之哲纂。石印本。

穀城縣志稿十二卷

近人劉德全纂。穀城劉氏石印本。

綏遠志十卷

清高賡恩撰。光緒戊申刻本。

甘棠小志四卷

清董恂撰。咸豐五年刻本。

杭志三詰三誤辨一卷

清毛奇齡撰。《西河全集》本。《四庫》存目。

蕭山縣志刊誤三卷

清毛奇齡撰。《西河全集》本。《四庫》存目。

長河志籍攷十卷

清田雯撰。《古歡堂全集》本。

以上地理類分志之屬

水經二卷

漢桑欽撰。王謨《漢魏叢書》本。

水經注四十卷

魏酈道元注。康熙乙未項絪刻本。乾隆癸酉黄晟刻本。《四庫》著録。

水經注四十卷

清戴震校。《戴氏遺書》本。湖北局本。

水經注釋四十卷刊誤十二卷

清趙一清撰。光緒庚辰章氏式訓堂刻本。小山堂本。《四庫》著録。

水經釋地八卷

清孔繼涵撰。微波榭單刻本。章氏式訓堂刻本。《積學齋叢書》本。

水經注圖説殘稿四卷

清董祐誠撰。《董方立遺書》本。

水經注七校四十卷

清全祖望撰。光緒十四年薛福成刻本。

今水經一卷

清黄宗羲撰。《梨洲遺著》本。《知不足齋叢書》本。湖北局本。《四庫》存目。

水經注圖一卷

清汪士鐸撰。湖北局本。

水經注西南諸水考三卷

清陳澧撰。《東塾叢書》本。《廣雅叢書》本。

水經注疏要删四十卷

清楊守敬撰。光緒乙巳觀海樓刻本。

水經注洛涇二水補附五溪考一卷

清謝鍾英撰。《南菁叢書》本。

吴中水利書一卷

宋單鍔撰。《守山閣叢書》本。《常州先哲遺書》本。《四庫》著録。

四明它山水利備覽二卷

宋魏峴撰。《守山閣叢書》本。《四庫》著録。

河防通議二卷

元沙克什撰。《守山閣叢書》本。《四庫》著録。

三吴水利録四卷

明歸有光撰。《涉聞梓舊》本。《四庫》著録。

潞水客談一卷

明徐貞明撰。《粤雅堂叢書》本。《四庫》存目。

河防一覽十四卷

明潘季馴撰。《四庫》著録。明萬曆刻本。

湘湖水利志三卷

清毛奇齡撰。《西河全集》本。《四庫》存目。

居濟一得八卷

清張伯行撰。康熙戊子自刻本。《四庫》著録。

水道提綱二十八卷

清齊召南撰。乾隆丙申戴殿泗刻本。《四庫》著録。

海潮輯説二卷

清俞思謙撰。《藝海珠塵》本。

海潮説一卷

清周春撰。《藝海珠塵》本。

水地記一卷

清戴震撰。《戴氏遺書》本。

西域水道記五卷

清徐松撰。《徐星伯三種》本。

關中水道記四卷二渠九河圖考一卷

清孫彤撰。《問經堂叢書》本。

河賦一卷

清江藩撰，錢坤注。《藕香零拾》本。

黑水考證四卷

清李榮陛撰。《豫章叢書》本。

長江圖十二卷

清黄昌岐撰。長沙黄氏家刻本。

行水金鑑一百七十五卷

清傅澤洪撰。雍正三年精刻本。《四庫》著録。

續行水金鑑一百五十六卷

清黎世垿撰。道光十一年潘世恩刻本。

歷代黄河變遷圖考十卷

清劉鶚撰。石印本。

浙西水利備攷不分卷

清王鳳生撰。浙江局本。

海塘輯要十卷

英人傅蘭雅譯。江南製造局本。

五省溝洫圖説不分卷

清沈夢蘭撰。江蘇局本。

導江三議一卷

清王柏心撰。《湖北叢書》本。《百柱堂全集》本。

山東運河備覽十二卷

清陸燿撰。切問齋刻本。

江蘇水利圖説二十一卷

清陶澍撰。凡七種。江蘇局本。

畿輔河道水利叢書八卷

清吴邦慶撰。道光四年刻本。

崑崙河源攷一卷

清黄宗羲撰。《守山閣叢書》本。

以上地理類水道之屬

皇輿西域圖志五十二卷
乾隆二十一年敕撰。影印武英殿本。《四庫》著録。

新疆識略十二卷
清徐松代松筠撰。道光元年刻本。

金川瑣記六卷
清李心衡撰。《藝海珠塵》本。

蠻書十卷
唐樊綽撰。《琳琅秘室叢書》本。

蠻司合志十五卷
清毛奇齡撰。《西河全集》本。《四庫》存目。

西招圖略一卷

清松筠撰。道光二十七年自刻本。

嵩谿織志三卷志餘一卷

清陸次雲撰。康熙癸亥自刻本。

番社采風圖攷一卷

清六十七撰。《藝海珠塵》本。

滇黔土司婚禮記一卷

清陳鼎撰。《知不足齋叢書》本。

滇載記一卷

明楊慎撰。《藝海珠塵》本。《古今説海》本。

皇朝藩部要略十八卷表四卷

清祁韻士撰。道光丙午家刻本。浙江局本。

西域釋地一卷

清祁韻士撰。《粤雅堂叢書》本。

西陲要略四卷

清祁韻士撰。《粤雅堂叢書》本。

朔方備乘八十卷

清何秋濤撰。天津局本。

朔方備乘札記一卷

清李文田撰。《靈鶼閣叢書》本。

東南防守利便三卷

宋吕祉撰。《藝海珠塵》本。《四庫》存目，題陳克、吴若同撰。

九邊圖論一卷

明許論撰。《長恩書室叢書》本。

邊略五卷

明高拱撰。《玉簡齋叢書》本。

平播全書十五卷

明李化龍撰。《畿輔叢書》本。

海防圖論一卷

明胡宗憲撰。《長恩書室叢書》本。《四庫》存目，題鄭若曾撰。

籌海圖編十三卷

明胡宗憲撰。明刻本。《四庫》著録。

洋防輯要二十四卷

清嚴如熤撰。道光二十三年刻本。

中俄界約斠注八卷

清錢恂撰。《質學叢書》本。

防海新論十八卷

普國希理哈撰，英國傅蘭雅譯，金匱華蘅芳筆述。吴棠刻《兵書五種》本。

以上地理類邊防之屬

佛國記一卷

宋釋法顯撰。王謨《漢魏叢書》本。《四庫》著録。

宣和奉使高麗圖經四十卷

宋徐兢撰。《知不足齋叢書》本。《四庫》著録。

溪蠻叢笑一卷

宋朱輔撰。《古今説海》本。《四庫》著録。

諸蕃志二卷

宋趙汝适撰。《函海》本。《四庫》著録。

真臘風土記一卷

元周達觀撰。《古今説海》本。《四庫》著録。

島夷志略廣證二卷

元何大淵撰。清沈曾植廣證。鄧氏風雨樓活字印本。《四庫》著録。

西使記一卷

元劉郁撰。《畿輔叢書》本。

安南志略十九卷

元黎崱撰。日本印本。

東西洋攷十二卷

明張燮撰。《惜陰軒叢書》本。《四庫》著録。

西洋朝貢典録三卷

明黄省曾撰。《粤雅堂叢書》本。《四庫》存目。

馭交記十二卷

明張鏡心撰。《粤雅堂叢書》本。

職方外紀五卷

明西洋人艾儒略撰。《守山閣叢書》本。《四庫》著録。

海語三卷

明黄衷撰。《嶺南遺書》本。《四庫》著録。

赤雅三卷

明鄺露撰。《知不足齋叢書》本。《四庫》著録。

星槎勝覽四卷

明費信撰。《古今説海》本。

象教皮編六卷

明陳士元撰。《歸雲外集》本。

夷語音義四卷

明陳士元撰。《歸雲別集》本。

朝鮮志二卷

明朝鮮人撰。《藝海珠塵》本。《四庫》著録。

坤輿圖説二卷

明西洋人南懷仁撰。《天學初函》本。《四庫》著録。

異域録二卷

西洋人圖理琛撰。《澤古叢鈔》本。《四庫》著録。

八紘繹史四卷記餘二卷荒史二卷

清陸次雲撰。《龍威秘書》本。《四庫》存目。

連陽八排風土記八卷

清李來章撰。《四庫》存目。康熙間賜書堂刻《禮山園全集》本。

使俄行程録一卷

清張鵬翮撰。《藝海珠塵》本。

海國聞見録附圖二卷

清陳倫炯撰。《藝海珠塵》本。《四庫》著録。

中山傳信録六卷

清徐葆光撰。康熙刻本。《四庫》存目。

維西見聞紀一卷

清余慶遠撰。《藝海珠塵》本。

海録一卷

清楊炳南撰。《海山仙館叢書》本。

地球圖説二卷

西洋人蔣友仁譯。《文選樓叢書》本。

海國圖志一百卷

清魏源撰。廣州三次刻，足本。

瀛寰志略十卷

清徐繼畬撰。日本刻本。

外國地理備攷十卷

西洋人瑪吉士撰。《海山仙館叢書》本。

日本國志四十卷

清黄遵憲撰。廣東刻本。

越南輯略一卷

清徐延旭撰。光緒三年刻本。

談瀛録四卷

清王之春撰。光緒庚辰自刻本。

朝鮮箕田攷一卷

清韓伯謙撰。《别下齋叢書》本。

臺海使槎録八卷

清黄叔璥撰。《畿輔叢書》本。《四庫》著録。

采硫日記三卷

清郁永河撰。《粤雅堂叢書》本。

東槎紀略五卷

清姚瑩撰。《中復堂全集》本。《昭代叢書》本。

越史略三卷

不著撰人名氏。《守山閣叢書》本。

新嘉坡風土記一卷

清李鍾珏撰。《靈鶼閣叢書》本。

西被考略六卷

清金永森撰。光緒癸卯武昌刻本。

俄遊彙編十二卷

清繆祐孫撰。石印本。

中西關繫略論一卷

美國林樂知撰。上海活字印本。

泰西采風記一卷

清宋育仁撰。《質學叢書》本。

以上地理類外紀之屬

三輔黄圖六卷

不著撰人名氏。王謨《漢魏叢書》本。《經訓堂叢書》本，有《補遺》一卷。《平津館叢書》本。《四庫》著録。

三輔舊事一卷三輔故事一卷

不著撰人名氏。《二酉堂叢書》本。

洛陽伽藍記五卷

後魏楊衒之撰。《津逮秘書》本。王謨《漢魏叢書》本。《四庫》著録。

辛氏三秦記一卷

不著撰人名氏。《二酉堂叢書》本。

吴興山墟名一卷

晉張玄之撰。清繆荃孫輯。《雲自在龕叢書》本。

吴興記一卷

宋山謙之撰。清繆荃孫輯。《雲自在龕叢書》本。

渚宫舊事五卷補遺一卷

唐余知古撰。《平津館叢書》本。

吴地記一卷後録一卷

唐陸廣微撰。《古今逸史》本。江蘇局刻本。

兩京新記一卷

唐韋述撰。《佚存叢書》本。《粤雅堂叢書》本。湖北局刻《巾箱叢書》本。

洛陽名園記一卷

宋李格非撰。《海山仙館叢書》本。《四庫》著録。

雍録十卷

宋程大昌撰。《古今逸史》本。

遊城南記一卷

宋張禮撰。《藕香零拾》本。

洞霄圖志六卷

宋鄧牧撰。《知不足齋叢書》本。《四庫》著録。

禁扁五卷

元王士點撰。《楝亭十二種》本。《四庫》著録。

河朔訪古記二卷

元迺賢撰。《粤雅堂叢書》本。

故宫遺録一卷

明蕭洵撰。《知不足齋叢書》本。《四庫》存目。

雲間第宅志一卷

明王澐撰。《藝海珠塵》本。

蜀中名勝記三十卷

明曹學佺撰。《粤雅堂叢書》本。《四庫》存目。

陽山志三卷

明岳岱撰。《峭帆樓叢書》本。

山東攷古録一卷京東攷古録一卷昌平山水記二卷營平二州地名記二卷

清顧炎武撰。《亭林遺書》本。《四庫》存目。《營平二州地名記》《四庫》著録。

石柱記箋釋五卷

清鄭元慶撰。《粤雅堂叢書》本。《四庫》著録。

唐兩京城坊攷五卷

清徐松撰。《連筠簃叢書》本。《畿輔叢書》本。

歷代帝王宅京記二十卷

清顧炎武撰。《槐廬叢書》本。

南游記一卷

清孫嘉淦撰。道光甲辰祁墳刻朱墨本。

唐兩京城坊考補一卷
清程鴻詔撰。《藕香零拾》本。
潞城考古録二卷
清劉錫信撰。《畿輔叢書》本。
兩浙防護録十一卷
清阮元撰。會稽董氏刻本。
平山堂圖志十卷圖一卷
清趙之壁撰。乾隆乙酉揚州刻本。
汴京遺蹟志二十四卷
明李濂撰。河南刻本。《四庫》著録。
歷代山陵考二卷

明王在晉撰。《借月山房叢書》本。

江城名蹟記三卷

明陳宏緒撰。乾隆刻本。《四庫》著録。

宋東京考二十卷

清周城撰。乾隆原刻本。

天台山記一卷

唐徐靈府撰。《古逸叢書》刻唐卷子本。

廬山記三卷

宋陳舜俞撰。《守山閣叢書》本。

南嶽總勝集三卷

宋陳田夫撰。葉德輝觀古堂仿宋刻本。

羅浮志十卷

明陳槤撰。《嶺南遺書》本。

桂勝十六卷桂故八卷

明張鳴鳳撰。《四庫》著録。

岳紀六卷

明陳士元撰。《歸雲外集》本。

蓮峰志五卷

明王夫之撰。《船山遺書》本。

黄山領要録一卷

清汪洪度撰。《知不足齋叢書》本。

説嵩三十二卷

清景日昣撰。康熙原刻本。《四庫》存目。

峽石山水志一卷

清蔣宏任撰。《別下齋叢書》本。

浯溪考二卷長白山録二卷

清王士禎撰。《漁洋全集》本。《四庫》存目。

具區志六卷

清翁澍撰。康熙刻本。

西湖志四十八卷

清傅王露撰。雍正原刻本。《四庫》存目。

西湖志纂十五卷

清沈德潛撰。乾隆原刻本。《四庫》著録十二卷，題梁詩正撰。

湖山便覽十二卷

清翟灝撰。光緒元年王氏刻本。

北湖小志二卷

清焦循撰。《焦氏叢書》本。

岱覽三十二卷首七卷

清唐仲冕撰。嘉慶丁卯刻本。

濂溪志七卷

清周誥撰。道光己亥家刻本。

石鐘山志十六卷

清丁義方撰。光緒九年刻本。

莫愁湖志六卷

清馬士圖撰。嘉慶乙亥刻本。

漂母祠志七卷

清胡鳳丹撰。光緒三年退補齋刻本。

關中勝蹟圖志三十二卷

清畢沅撰。自刻本。

都城紀勝一卷

舊題耐得翁撰。《楝亭十二種》本。《武林掌故叢編》本。《四庫》著録。

六朝事迹編類十四卷

宋張敦頤撰。道光庚子上元張賓德重刊宋本，末有《附識》一卷。《四庫》著録二卷。

以上地理類古蹟名勝之屬

涼州記一卷

北涼段龜龍撰。《二酉堂叢書》本。

沙州記一卷

宋段國撰。《二酉堂叢書》本。

荆楚歲時記一卷

梁宗懔撰。王謨《漢魏叢書》本。《四庫》著録。

涼州異物志一卷

不著撰人名氏。《二酉堂叢書》本。

西河故事一卷西河記一卷

不著撰人名氏。《二酉堂叢書》本。

沙州圖經一卷

不著撰人名氏。羅振玉影唐卷子殘本。

北户録三卷

唐段公路撰。《十萬卷樓叢書》本。《説海》本一卷，不足。《四庫》著録。

嶺表録異三卷

唐劉恂撰。武英殿聚珍版本。《四庫》著録。

益部方物略記一卷

宋宋祁撰。《津逮秘書》本。《湖北先正遺書》本。《四庫》著録。

岳陽風土記一卷

宋范致明撰。《小石山房叢書》本。《四庫》著録。

會稽三賦注三卷

宋王十朋撰。《湖海樓叢書》本。《惜陰軒叢書本》。《四庫》著録。

中吴紀聞六卷

宋龔明之撰。《知不足齋叢書》本。《粤雅堂叢書》本。《四庫》著録。

攬轡録一卷驂鸞録一卷吴船録一卷桂海虞衡志一卷

宋范成大撰。《知不足齋叢書》本。《桂海虞衡志》《四庫》著録。

嶺外代答十卷

宋周去非撰。《知不足齋叢書》本。《四庫》著録。

北道刊誤志一卷

宋王瓘撰。《守山閣叢書》本。

遼東行部志一卷

金王寂撰。《藕香零拾》本。

吴中舊事一卷

元陸友仁撰。《函海》本。《四庫》著録。

江漢叢談一卷

明陳士元撰。《歸雲外集》本。《藝海珠塵》本。《湖北叢書》本。《四庫》著録。

栖霞小志一卷

明盛時泰撰。《藕香零拾》本。

淞故述十卷

明楊樞撰。《藝海珠塵》本。

西湖遊覽志二十四卷志餘二十六卷

明田汝成撰。明萬曆刻本。《四庫》著録。

長溪瑣語一卷

明謝肇淛撰。

閩中海錯疏三卷

明屠本畯撰。《藝海珠塵》本。《四庫》著録。

帝京景物略八卷

明劉侗、于奕正撰。明刻本。乾隆三十一年刻本。《四庫》存目。

粤行志一卷廣州遊覽小志一卷

清王士禛撰。《漁洋全集》本。

南來志一卷北歸志一卷蜀道驛程記二卷秦蜀驛程記二卷隴蜀餘聞一卷

清王士禛撰。《漁洋全集》本。

盛京疆域考六卷

清孫宗瀚撰。《聚學軒叢書》本。

甯古塔紀略一卷

清吴振臣撰。《知服齋叢書》本。

柳邊紀略一卷

清楊賓撰。《昭代叢書》本。

虎邱山志二十四卷

清顧貽禄撰。乾隆三十二年刻本。

桃溪客語五卷

清吴騫撰。《拜經樓叢書》本。

黄山志定本七卷

清閔麟嗣撰。康熙間積翠樓原刻本。《四庫》存目。

清波小志二卷

清徐逢吉撰。《讀畫齋叢書》本。

清波小志補一卷清波三志三卷

清陳景鍾撰。《武林掌故叢編》本。

湖壖雜記一卷

清陸次雲撰。《説鈴》本。《四庫》存目。

東城雜記二卷

清厲鶚撰。《粤雅堂叢書》本。《四庫》著録。

北隅掌録二卷

清黄士珣撰。振綺堂汪氏刻本。

北隅綴録二卷續録二卷

清丁丙撰。《武林掌故叢編》本。

艮山雜志二卷附録一卷

清翟灝撰。《武林掌故叢編》本。

龍井見聞録十卷附録一卷

清汪孟鋗撰。《武林掌故叢編》本。

梅里志十六卷

清楊謙、李富孫撰。校經廎刻本。

小滄浪筆談四卷

清阮元撰。文選樓刻本。

閩小紀一卷

清周亮工撰。《説鈴》本。

滇攷二卷

清馮甦撰。《台州叢書》本。

滇南新語一卷

清張泓撰。《藝海珠塵》本。

滇繫四十卷

清師範撰。雲南通志局本。

蒙古游牧記十六卷

清張穆撰。重刻本。

顔山雜記四卷

清孫廷銓撰。康熙四年刻本。《四庫》著録。

雲中紀程二卷

清高懋功撰。《粤雅堂叢書》本。

浙程備覽五卷

清于敏中撰。《觀自得齋叢書》本。

伊犂日記三卷天山客話一卷

清洪亮吉撰。《北江遺書》本。

湖南方物志八卷

清黄本驥撰。《三長物齋叢書》本。

據鞍録一卷

清楊應琚撰。《藕香零拾》本。

雲杜故事一卷

清易本烺撰。《湖北叢書》本。

京師坊巷志二卷

清朱一新撰。光緒二十二年葆真堂刻《拙盦叢稿》本。

長白山録一卷補遺一卷

清王士禛撰。《漁洋全集》本。

學海堂志一卷

清林伯桐撰。《修本堂叢書》本。

海南雜著二卷

清蔡廷蘭撰。道光丙申刻本。

雲南風土紀事詩一卷

清彭崧毓撰并注。同治二年刻本。

遼東文獻徵略八卷

近人金毓黻撰。自印本。

以上地理類雜志之屬

入蜀記六卷

宋陸游撰。《渭南文集》本。《知不足齋叢書》本。

北行日録二卷

宋樓鑰撰。《知不足齋叢書》本。

使金録一卷

宋程卓撰。《碧琳琅館叢書》本。

西遊録注一卷

元耶律楚材撰。清李文田注。《靈鶼閣叢書》本。

西遊録補注一卷

元耶律楚材撰。清范金壽補注。《聚學軒叢書》本。

天南行記一卷

元徐明善撰。《説郛》本。

長春真人西遊記二卷

元李志常撰。《連筠簃叢書》本。

客杭日記一卷

元郭畀撰。《知不足齋叢書》本。

客越志略一卷

明王穉登撰。《武林掌故叢編》本。

徐霞客遊記十二卷

明徐弘祖撰。明刻本。嘉慶十三年刻本。《四庫》著録。

扈從東巡日録一卷松亭行記一卷塞北小鈔一卷

清高士奇撰。《説鈴》本。

康輶紀行十六卷

清姚瑩撰。《中復堂全集》本。

西輶日記四卷〔一〕

清黄楙材撰。通行本。

使東述略一卷

清何如璋撰。袖珍本。

伯利探路記一卷

清曹廷杰撰。自刻本。

使俄草八卷

清王之春撰。石印本。

東游日記一卷

清黄慶澄撰。自刻本。

〔一〕「輶」，原作「遊」，當作「輶」。

使西紀程一卷

清郭嵩燾撰。袖珍本。

奉使倫敦記一卷

清黎庶昌撰。自刻本。

英軺日記一卷

清劉錫鴻撰。《靈鶼閣叢書》本。

使西日記二卷

清曾紀澤撰。《曾惠敏公集》附刻本。

環游地球新録四卷

清李圭撰。活字印本。

使德日記一卷

清李鳳苞撰。《靈鶼閣叢書》本。

歐游雜録二卷

清徐建寅撰。江南製造局本。

使美紀略一卷

清陳蘭彬撰。袖珍本。

出使美日秘國日記十六卷

清崔國因撰。上海鉛印本。

遊覽古巴圖經二卷

清傅雲龍撰。鉛印本。

西征紀程四卷

清鄒代鈞撰。袖珍本。

出使英法義比四國日記六卷

清薛福成撰。《庸盦全集》本。

歐遊隨筆二卷

清錢德培撰。石印本。

隨使日記一卷使還日記一卷

清張德彝撰。自刻本。

東蒙游記不分卷

近人馮誠求撰。活字排印本。

以上地理類游記之屬

右史部地理類四百一十五種，九千二百二卷，三種無卷數，重者不計。

崇雅堂書録卷之六終

崇雅堂書録卷之七

潛江甘鵬雲藥樵編

史部十二

譜牒類

元和姓纂十八卷

唐林寶撰。光緒六年金陵書局校刻本。《四庫》著録，入類書。

古今姓氏書辨證四十卷校勘記三卷

宋鄧名世撰。《守山閣叢書》本。《四庫》著録，入類書。

姓解三卷

宋邵思撰。《古佚叢書》仿宋刻本。

自號録一卷

宋徐元溥撰。《十萬卷樓叢書》本。

姓氏急就章二卷

宋王應麟撰。《玉海》附刻本。《四庫》著録，入類書。

姓匯四卷

明陳士元撰。《歸雲别集》本。《四庫》存目，入類書。

姓觿十卷

明陳士元撰。《歸雲别集》本。《湖北叢書》本。《四庫》存目，入類書。

姓觿刊誤一卷

清易本烺撰。《湖北叢書》本。

名疑四卷

明陳士元撰。《歸雲别集》本。《湖北叢書》本。《四庫》著録，入類書。

萬姓統譜一百五十卷帝王姓譜六卷氏族博攷十四卷

明凌迪知撰。汲古閣刻本。《四庫》著録，入類書。

尚古類氏集十二卷

明王文翰撰。明刻大字本，無年月。

疑年録四卷

清錢大昕撰。《小石山房叢書》本。《潛揅堂全集》本。《粤雅堂叢書》本。

續疑年録四卷

清吴修撰。《小石山房叢書》本。《粤雅堂叢書》本。

補疑年録四卷

清錢椒撰。陸心源刻本。

三續疑年録十卷

清陸心源撰。陸氏皕宋樓自刻本。

姓氏尋源四十五卷

清張澍撰。道光戊戌二酉堂刻本。

姓氏辨誤三十卷

清張澍撰。二酉堂刻本。

史姓韻編六十四卷

清汪輝祖撰。乾隆庚戌汪氏家刻本。

八旗滿洲氏族通譜八十卷

清雍正十三年鄂爾泰奉敕撰。武英殿刻本。《四庫》著録，入傳記。

歷代帝王廟謚年諱譜一卷

清陸費墀撰。《文選樓叢書》本。《粤雅堂叢書》本。

避諱録五卷

清黄本驥撰。《三長物齋叢書》本。

姓氏解紛十卷

清黄本驥撰。《三長物齋叢書》本。

以上譜牒類姓氏之屬

劉更生年表一卷

清梅毓撰。《積學齋叢書》本。

鄭君紀年一卷

清袁鈞輯。浙局刻《鄭氏佚書》本。

豫章先賢年譜十四卷

漢徐穉、晉陶潛，宋歐陽修、曾鞏、王安石、黄庭堅、陸九淵，明吴與弼、胡居仁。清楊希閔撰。光緒戊寅刻本。

頤志齋四譜四卷

漢鄭玄、魏曹植、晉陶潛、唐陸贄。清丁晏撰。《頤志齋叢書》本。

四朝先賢譜六卷

蜀漢諸葛亮，唐李泌、陸贄，宋韓琦、李綱，明王守仁。清楊希閔撰。光緒三年刻本。

韓柳年譜八卷

宋吕大防、程俱、洪興祖、文安禮等撰。雍正己酉馬曰璐刻本。《粤雅堂叢書》本。

米海岳年譜一卷

清翁方綱撰。《粤雅堂叢書》本。

蘇穎濱年表一卷

宋孫汝聰撰。《藕香零拾》本。

朱子年譜四卷考異一卷附録二卷

清王懋竑撰。《粤雅堂叢書》本。

潛揅堂五譜五卷

宋洪遵、洪邁、陸遊、王應麟，明王世貞。清錢大昕撰。《潛揅堂全書》本。

元遺山年譜一卷

清翁方綱撰。《蘇齋叢書》本。《粤雅堂叢書》本。

元遺山年譜一卷

清施國祁撰。《遺山詩集》施注附刻本。

元遺山年譜二卷

清凌廷堪撰。道光三十年張穆校刻。《遺山集》附刻本。

郝文忠公年譜一卷

清王鎏編。乾隆三年王鎏校刻《陵川集》附刻本。

建文年譜四卷

明趙士喆撰。咸豐甲寅刻本。

李文正公年譜一卷

明朱景英編。《懷麓堂集》附刻本。

倪文正公年譜四卷

清倪會鼎撰。《粤雅堂叢書》本。

申端愍公年譜一卷

清申涵煜撰。《畿輔叢書》本。

金忠潔公年譜一卷

明金鉉弟鏡編。《畿輔叢書》本。

左忠毅公年譜一卷

清左宰編。乾隆四年刻本。

高忠憲公年譜一卷

無撰人名氏。康熙己巳家刻《高子遺書》附刻本。

黄石齋年譜二卷

明黄道周門人洪思撰。道光甲辰刻本。

漳浦黄先生年譜二卷

明黄道周門人莊起儔撰。道光九年陳壽祺校刻《黄漳浦集》附刻本。

黄忠端公年譜二卷

明黄尊素八世孫炳垕撰。光緒乙亥家刻本。

金正希年譜一卷

無撰人名氏。光緒丁酉兩湖書院活字排印本。

金文毅公年譜一卷

清程錫類撰。金兆蕃刻本。

鹿忠節年譜二卷

清陳鋐編。光緒乙巳七世孫鹿傳霖刻本。

黄梨洲年譜三卷

清黄炳垕撰。光緒丙子家刻本。

王船山年譜二卷

清王之春撰。光緒癸巳刻本。

顧氏譜系考一卷

清顧炎武撰。《亭林遺書》本。

顧亭林年譜四卷

清張穆撰。道光二十八年祁寯藻刻本。《粵雅堂叢書》本。

閻潛邱年譜四卷

清張穆撰。《粵雅堂叢書》本。

陸稼書年譜一卷

清陸宸徵撰。《小石山房叢書》本。

魏文毅公年譜一卷

子荔彤編。《兼濟堂集》附刻本。《畿輔叢書》本。

魏敏果公年譜一卷

清魏象樞自編。《寒松堂集》附刻本。《畿輔叢書》本。

孫夏峰年譜二卷

清湯斌撰。《夏峰遺書》附刻本。《畿輔叢書》本。

顏習齋年譜二卷

清李塨撰。《畿輔叢書》本。又活板排印本。

施愚山年譜四卷

清施念曾編。乾隆丁卯刻本，附《愚山集》後。

尹健餘年譜三卷

清吕熾撰。《畿輔叢書》本。

李文貞公年譜二卷

清李清植撰。《榕村全書》本。

榕村譜録合考二卷

清李清植撰。《榕村全書》本。

李恕谷年譜五卷

清馮辰撰。《畿輔叢書》本。又活板排印本。

錢文端公年譜三卷

清錢陳羣曾孫儀吉撰。錢應溥刻本。

沈端恪公年譜二卷

清沈曰富撰。《沈端恪公遺書》附刻本。

朱文正公年譜三卷

清朱珪子錫經撰。嘉慶九年家刻本。

雷塘盦弟子記八卷

清阮元門人張鑑編。咸豐二年家刻本。

孫淵如年譜二卷

清張紹南撰。《藕香零拾》本。

洪北江年譜一卷

清吕培撰。《北江全書》本。

黄蕘圃年譜二卷

清江標撰。光緒丁酉刻本。

定盦年譜一卷

清吴昌綬撰。《定盦文集》附刻本。

羅壯勇公年譜二卷

清羅斯舉自述。《振綺堂叢書》本。

潘文恭公年譜一卷

思補老人潘世恩自訂。同治癸亥吴縣潘氏家刻本。

病榻夢痕録二卷夢痕録餘一卷

清汪輝祖自撰。同治壬申刻本。

汪氏學行記六卷

清汪喜孫撰。《問禮堂遺書》本。

曾文正公年譜十二卷

清王定安編。《曾文正公全集》本。

容庵弟子記四卷

近人沈祖憲、吴闓生同編。癸丑活字排印本。

蘇溪漁隱讀書譜四卷

清耿文光撰。光緒十五年自刻本。

陳石遺年譜七卷

近人陳衍子聲曁編，門人王真續編。侯官陳氏家刻本。

以上譜牒類年譜之屬

右史部譜牒八十種，七百九十二卷，重者不計。

史部十三

目録類

劉向别録一卷

清洪頤煊輯。孫馮翼刻《經典集林》本。

劉歆七略一卷

清洪頤煊輯。《經典集林》本。

七略别録佚文一卷七略佚文一卷

近人姚振宗輯。快閣師石山房活字排印本。

漢書藝文志條理八卷

近人姚振宗纂。快閣師石山房活字排印本。

八史經籍志三十卷

日本人彙輯。光緒八年張壽榮校刻本。

日本唐時現在書目一卷

日本佐世奥撰。《古佚叢書》影刻舊鈔卷子本。

崇文總目輯釋五卷補遺一卷

宋王堯臣等撰。清錢東垣、錢侗輯。《汗筠齋叢書》本。《粤雅堂叢書》本。《後知不足齋叢書》本。《四庫》著録二十卷。

秘書省續編到四庫闕書目考證二卷

宋紹興中官撰，葉德輝考證。《觀古堂所著書》本。

宋晁氏郡齋讀書志二十卷附志二卷例略一卷考證一卷

宋晁公武撰，附《志》宋趙希弁撰。光緒甲申王先謙校刻本。《四庫》著録卷數有異同。

史略六卷

宋高似孫撰。《古逸叢書》影宋刻本。

子略四卷目録一卷

宋高似孫撰。《百川學海》本。《四庫》著録。

遂初堂書目一卷

宋尤袤撰。《海山仙館叢書》本。《四庫》著録。

直齋書録解題二十二卷

宋陳振孫撰。武英殿聚珍版本。《四庫》著録。

元西湖書院重整書目一卷

元無撰人名氏。《松鄰叢書》本。

明《永樂大典》目録六十卷

明解縉等撰。靈石楊氏連筠簃刻本。

明文淵閣書目二十卷

明楊士奇撰。《讀畫齋叢書》本。《四庫》著録四卷。

明南雍經籍志二卷

明梅鷟撰。《松鄰叢書》本。《觀古堂彙刻書》本。

菉竹堂書目六卷

明葉盛撰。《粤雅堂叢書》本。《四庫》存目。

百川書志二十卷

明高儒撰。清葉德輝校刻本。

世善堂書目二卷

明陳第撰。《知不足齋叢書》本。

内板經書紀略一卷

從明劉若愚《酌中志》抽出。《松鄰叢書》本。

經廠書目一卷

明内府所刊書目。《四庫》存目。

古今書刻二卷

明周弘祖撰。葉德輝刻《麗廔叢書》本。

得月樓書目一卷

明李如一撰。《常州先哲遺書》本。

國史經籍志五卷

明焦竑撰。《粤雅堂叢書》本。《四庫》存目。

澹生堂書目十八卷

明祁承㸁撰。《紹興先正遺書》本。

汲古閣秘本書目一卷補遺一卷

明毛扆撰。掃葉山房刻本。《士禮居叢書》本。

萬卷堂書目四卷

明朱睦㮮撰。葉德輝《觀古堂彙刻書》本。《玉簡齋叢書》本。

李蒲汀藏書目一卷

明李廷相撰。《玉簡齋叢書》本。

天一閣書目十卷

明范懋柱撰[一]。清阮元重編。嘉慶三年阮氏文選樓刻本。

脈望館書目二卷

明趙琦美撰。《玉簡齋叢書》本。

近古堂書目二卷

明無撰人名氏。《玉簡齋叢書》本。

絳雲樓書目四卷

清錢謙益撰。陳景雲注。《粵雅堂叢書》本。

[一]「懋」,原作「楙」,當作「懋」。

絳雲樓書目補遺一卷

《觀古堂彙刻書》本。

牧齋書目一卷

清錢謙益撰。抄本。

潛采堂宋遼金元人集目二卷

清朱彝尊撰。《古學彙刊》本。

靜惕堂宋元人集目一卷

清曹溶撰。《觀古堂彙刻書》本。

汲古閣校刻書目一卷補遺一卷

清鄭德楙撰。《小石山房叢書》本。《汲古閣刻板存亡攷》附。

述古堂書目四卷

清錢曾撰。《粤雅堂叢書》本。《四庫》存目。

也是園藏書目十卷

清錢曾撰。《玉簡齋叢書》本。

徵刻唐宋人秘本書目三卷

清黄虞稷撰。《觀古堂彙刻書》本。

傳是樓宋元本書目一卷

清徐乾學撰。《玉簡齋叢書》本。

孝慈堂書目不分卷

清王聞遠撰。抄本。

季滄葦書目一卷

清季振宜撰。《粤雅堂叢書》本。掃葉山房本。《士禮居叢書》本。

四庫全書總目提要二百卷

清紀昀等撰。武英殿刻大字本。同治七年廣東刻本。

四庫簡明目録二十卷

清紀昀等撰。廣東刻本。

四庫書目略二十卷

清費莫文良編。同治九年刻本。

四庫全書提要分纂稿一卷

清邵晉涵撰。《紹興先正遺書》本。

惜抱軒書録四卷

清姚鼐撰。光緒己卯徐宗亮刻本。

四庫全書薈要目一卷

《宫史續編》抽印。《松鄰叢書》本。

浙江採進遺書總録十卷閏集一卷

清王亶望撰。乾隆甲午浙江刻本。

銷燬抽燬書目一卷

《四庫》館撰。《咫進齋叢書》本。

違礙書目一卷

《四庫》館撰。《咫進齋叢書》本。

禁書總目一卷

《四庫》館撰。《咫進齋叢書》本。

通志堂經解目録注一卷

清翁方綱撰。《粤雅堂叢書》本。

天禄琳瑯書目十卷

清于敏中等撰。長沙王先謙刻本。《四庫》著録。

天禄琳瑯續編二十卷

清彭元瑞等撰。長沙王先謙刻本。

千頃堂書目三十二卷

清黄虞稷撰。《四庫》著録。

愛日精廬藏書志三十六卷續四卷

清張金吾撰。道光丁亥自刻本。

孫氏祠堂書目内編四卷外編三卷

清孫星衍撰。李盛鐸刻《木犀軒叢書》本。

四庫未收書目五卷

清阮元撰。即《研經室外集》。文選樓刻《全集》本。

知聖道齋書目四卷

清彭元瑞撰。《恩餘堂全集》本。《玉簡齋叢書》本。

文瑞樓書目十二卷

清金檀撰。《讀畫齋叢書》本。

稽瑞樓書目二卷

清陳揆撰。《滂喜齋叢書》本。

藝芸精舍宋元板書目一卷

清汪士鍾撰。《滂喜齋叢書》本。

江上雲林閣書目四卷

清倪模撰。道光癸卯自刻本。

皇朝經籍志六卷

清黄本驥撰。《三長物齋叢書》本。

竹崦庵傳鈔書目一卷

清趙魏撰。《觀古堂彙刻書》本。

湖北藝文志八卷

嘉慶《湖北通志》抽印本。

開有益齋讀書志六卷續志一卷

清朱緒曾撰。光緒庚辰朱崇嶧刻本,附《金石記》一卷。

結一廬書目四卷

清朱學勤撰。《觀古堂彙刻書》本,附《宋元書目》一卷。

寳書閣著録一卷

清丁白撰。《觀古堂彙刻書》本。《松鄰叢書》本。

持靜齋書目四卷續一卷

清丁日昌撰。家刻本。

持靜齋宋元鈔本書目一卷

清江標編。光緒乙未葉德輝刻本。

清吟閣書目四卷

不著撰人名氏，題咸豐丙辰秋手訂。《松鄰叢書》本。

宋元本書經眼録三卷附録二卷

清莫友芝撰。光緒癸酉莫繩孫刻本。

郘亭知見傳本書目十六卷

清莫友芝撰。活字印本。

四庫簡明目録標注二十卷附録一卷

清邵懿辰撰。宣統三年仁和邵氏家刻本。

鐵琴銅劍樓書目二十四卷

清瞿鏞撰。光緒二十四年孫啟甲刻本。

鐵琴銅劍樓宋元本書目四卷

清江標編。靈鶼閣刻本。

海源閣楹書隅録五卷續録四卷

清楊以增子紹和撰。光緒甲午家刻本。

海源閣宋元抄本書目一卷

清江標編。光緒戊子自刻本。

皕宋樓藏書志一百二十卷續志四卷

清陸心源撰。光緒壬子壬辰先後家刻本。

善本書室藏書志四十卷

清丁丙撰。光緒辛丑家刻本。

帶經堂書目五卷

清陳樹杓撰。風雨樓活字排印本。

經籍訪古志六卷補遺一卷

日本森立之撰。光緒乙酉姚文棟活字排印本。

日本訪書志十六卷

清楊守敬撰。光緒丁酉家刻本。

經籍舉要一卷

清龍啟瑞撰。《漸西村舍叢書》本。

書目答問四卷

清張之洞撰。四川原刻本。

書目答問箋補四卷

清江人度撰。自刻本。

古書經眼録一卷

清王頌蔚撰。家刻本。

國子監南學存書目二卷

光緒十一年刻本。

廣雅書局刻書目一卷

光緒乙酉刻本。

金華文萃書目提要八卷

清胡鳳丹編。同治八年退補齋刻本。

彙刻書目十卷

清顧修編。嘉慶己未刻本。

行素堂目睹書目十卷

清朱記榮編。光緒元年槐廬家塾刻本。

續彙刻書目十卷

近人羅振玉編。連平范氏雙魚室刻本。

叢書舉要八十卷

清楊守敬原編，李之鼎補編。南城李氏宜秋館校印本。

畿輔書徵四十卷

近人徐世昌撰。活字排印本。

學部圖書館善本書目四卷

清繆荃孫撰。風雨樓活字排印本。

學部圖書館方志目二卷

清繆荃孫撰。《古學彙刊》本。

天津圖書館書目三十二卷

近人韓梯雲編。活字排印本。

壬子浙江文瀾閣所存書目五卷

清錢恂撰。自刻本。

春在堂全書録要一卷

清俞樾撰。《春在堂全書》附刻本。

晦堂書録一卷

清陳澹然撰。光緒丙子武昌刻本。

目録學九卷

清耿文光撰。光緒二十年自刻本。

四庫湖北先正遺書提要八卷

近人盧靖盧弼編。自刻本。

家刻書目十卷

清錢培蓀撰。光緒四年刻本。

觀古堂藏書目四卷

清葉德輝撰。活字排印本。

羣碧樓書目九卷

近人鄧邦述撰。自印本。

藝風藏書記八卷續記八卷

清繆荃孫撰。自刻本。

湖北書徵十六卷

近人張國淦撰。抄本。油印本。

金華經籍志二十七卷

近人胡宗楙撰。自刻本。

佛藏逸經目一卷

明密藏禪師遺筆，錢牧翁跋。《松鄰叢書》本。

道藏闕經目録二卷

清袁文愷鈔元《道藏》本。《松鄰叢書》本。

西學書目表三卷

近人梁啓超撰。《質學叢書》本。

鍾祥藝文考四卷

近人李權撰。雙槐廬活字印本。

北平圖書館方志目録廿六卷

近人譚其驤編。活字排印本。

潛江書徵四卷

鵬雲纂。稿本。

以上目録類書目之屬

汲古閣刻書跋二卷

明毛晉撰。汲古閣刻本。

紅雨樓題跋二卷

明徐𤊹撰。清繆荃孫校刻本。《峭帆樓叢書》本。

讀書敏求記四卷

清錢曾撰。《文選樓叢書》本。《海山仙館叢書》本。《四庫》存目。

繡谷亭薰習録四卷

清吴焯撰。《松鄰叢書》本。

廉石居藏書記二卷

清孫星衍撰。陳宗彝編。《式訓堂叢書》本。《木犀軒叢書》本。

平津館鑒藏書籍記三卷補遺一卷續編一卷

清孫星衍撰。《式訓堂叢書》本。《木犀軒叢書》本。

經籍跋文一卷

清陳鱣撰。《涉聞梓舊》本。《式訓堂叢書》本。

拜經樓藏書題跋記五卷附録一卷

清吴壽暘撰。《涉聞梓舊》本。《式訓堂叢書》本。文學山房聚珍板本。

知聖道齋讀書跋尾二卷

清彭元瑞撰。《恩餘堂集》附刻本。《式訓堂叢書》本。

士禮居藏書題跋記六卷

清黄丕烈撰。滂喜齋刻本。上海石印本。

士禮居藏書題跋續記二卷

清黄丕烈撰。繆荃孫輯。《靈鶼閣叢書》本。

士禮居藏書題跋記再續二卷

清繆荃孫輯。風雨樓活字排印本。

士禮居藏書題跋記續編五卷

清黄丕烈撰，民國六年孫祖烈重編。上海石印本。此書括江標、繆荃孫兩編在内。

曝書雜記三卷

清錢泰吉撰。《别下齋叢書》本。莫友芝江蘇刻本。《式訓堂叢書》本。

古泉山館題跋一卷

清瞿中溶撰。《藕香零拾》本。

開有益齋讀書志六卷續志一卷

清朱緒曾撰。光緒庚辰金陵翁氏茹古閣刻本。

賁園書庫目録輯略一卷

清張森楷撰。渭南嚴式海校刻本。

儀顧堂題跋十六卷續題跋十六卷

清陸心源撰。光緒庚寅壬辰間十萬卷樓刻本。

書衣題識一卷

近人鄧邦述撰。《羣碧樓書目》附刻本。

郋園讀書志十六卷

清葉德輝撰。上海活字排印本。

潛廬檢書記十二卷

鵬雲撰。稿本。

以上目録類題跋之屬

四庫全書攷證一百卷

乾隆四十一年敕撰。武英殿聚珍板本。

藏書約一卷

明祁承㸁撰。《紹興先正遺書》本。《知不足齋叢書》本。

藏書紀要一卷

清孫慶增撰。《述古叢鈔》本。《士禮居叢書》本。

流通古書約一卷

清曹溶撰。《知不足齋叢書》本。《藕香零拾》本。

儒藏説一卷

清周永年撰。《松鄰叢書》本。

古歡社約一卷

清丁雄飛撰。《藕香零拾》本。

百宋一廛賦一卷

清顧廣圻撰。黄丕烈注。《士禮居叢書》本。

藏書紀事詩六卷

清葉昌熾撰。江標《靈鶼閣叢書》本。

古今僞書攷一卷

清姚際恆撰。《知不足齋叢書》本。

竹汀日記鈔三卷

清錢大昕撰。《滂喜齋叢書》本。《式訓堂叢書》本。

非石日記鈔一卷附遺文一卷

清鈕樹玉撰。《滂喜齋叢書》本。

留真譜十二卷

清楊守敬撰。光緒辛巳家刻本。

宋元書本行格表二卷

清江標撰。光緒丁酉長沙刻本。

未刊遺書志略一卷

清朱記榮撰。《觀自得齋叢書》本。

古文舊書攷四卷

日本島田翰撰。光緒甲辰自刻本。

皕宋樓藏書源流攷一卷

日本島田翰撰。光緒丁未刻本。

國學叢刊二卷

近人羅振玉撰。宣統辛亥石印本。

燉煌鳴沙山石室書目一卷

近人羅振玉撰。宣統元年羅氏活字排印本。

燉煌石室真蹟録五卷

清王仁俊撰。宣統元年王氏石印本。

書林清話十卷

清葉德輝撰。宣統辛亥葉氏觀古堂刻本。

書林餘話二卷

清葉德輝撰。上海活字排印本。

以上目録類考訂之屬

右史部目録類一百六十二種，一千六百五十一卷，一種無卷數，重者不計。

史部十四

金石類

集古録十卷

宋歐陽修撰。《歐陽文忠全集》本。《三長物齋叢書》本。《四庫》著録。

集古録目五卷

宋歐陽修撰。《雲自在龕叢書》本。

金石録三十卷

宋趙明誠撰。盧氏《雅雨堂叢書》本。朱氏《結一廬叢書》本，附《札記》一卷。孫谿朱記榮刻本。《四庫》著録。

金石録補二十七卷續七卷

清葉奕包撰。《涉聞梓舊》本。孫谿朱記榮刻本。

金石續録四卷

清劉青藜撰。葛氏學古齋校刻本。《四庫》存目。

隸釋二十七卷隸續二十一卷

宋洪适撰。乾隆丁酉汪氏樓松書屋刻本。同治十年洪氏晦木齋覆汪本，附黄丕烈《隸釋刊誤》一卷。《四庫》著録。

汪本隸釋刊誤一卷

清黄丕烈撰。《士禮居叢書》本。

籀史一卷

宋翟耆年撰。《守山閣叢書》本。《四庫》著録。

輿地碑記目四卷

宋王象之撰。《粤雅堂叢書》本。《滂喜齋叢書》本。《四庫》著録。

蜀碑記一卷

宋王象之撰。永康胡氏《金華叢書》本。

蜀碑記補十卷

《函海》本。南皮《書目》云不善。

石刻鋪敘二卷

宋曾宏父撰。《四庫》著録。《貸園叢書》本。

金石略三卷

宋鄭樵撰。葛氏學古齋刻本。

法帖譜系二卷

宋曹士冕撰。《四庫》著録。

寶刻類編八卷

宋不著撰人名氏。《粤雅堂叢書》本。《四庫》著録。

寶刻叢編二十卷

宋陳思撰。海豐吴式芬刻本。《十萬卷樓叢書》本。《四庫》著録。

菉竹堂碑目六卷

明葉盛撰。《粤雅堂叢書》本。

寰守訪碑録十二卷

清孫星衍、邢澍撰。《平津館叢書》本。

寰守訪碑録補十卷

清趙之謙撰。光緒丙戌朱記榮刻本。

金石萃編一百六十卷

清王昶撰。嘉慶十年自刻本。

金石萃編補目三卷

清黄本驥撰。《聚學軒叢書》本。

金石萃編補四十卷

清陸耀遹撰。同治家刻本。

金石萃編補正四卷

清方履籛撰。石印本。

兩漢金石記二十二卷

清翁方綱撰。《蘇齋叢書》本。

潛揅堂金石目録八卷

清錢大昕撰。《潛揅堂全書》本。

竹崦庵金石目録五卷

清趙魏撰。宣統元年吴士鑑刻本。

元碑存目一卷隋唐石刻拾遺二卷

清黄本驥撰。《聚學軒叢書》本。

天一閣碑目一卷

清阮元撰。文選樓刻本，附《天一閣書目》後。

窓齋集古録二十六卷釋文賸稿二卷

清吴大澂撰。上海影印本。

陶齋金石記四十四卷藏磚記二卷

清端方撰。宣統元年自刻本。

中州金石目四卷補遺一卷

清姚晏撰。《咫進齋叢書》本。

中州金石目八卷

清楊鐸撰。《積學齋叢書》本。

江甯金石待訪目二卷

清嚴觀撰。《靈鶼閣叢書》本。

吴郡金石目一卷

清程祖慶撰。《滂喜齋叢書》本。

江甯金石待訪録四卷

清孫彤撰。《問經堂叢書》本。

墨妙亭碑目考二卷

清張鑑撰。江蘇書局刻本。

日本金石年表一卷

日本西田直養撰。《滂喜齋叢書》本。

藝風堂金石文字目十八卷

清繆荃孫撰。光緒丙午自刻本。

山左南北朝石刻存目一卷
清尹彭壽撰。《靈鶼閣叢書》本。

寒山金石林部目一卷
明趙均撰。沈宗畸輯。《晨風閣叢書》本。

古刻叢鈔一卷
明陶宗儀撰。《平津館叢書》本。《知不足齋叢書》本。《讀畫齋叢書》本。《學古齋金石叢書》本。《四庫》著録。

金石古文十四卷
明楊慎撰。《學古齋金石叢書》本。

金薤琳瑯二十卷
明都穆撰。明刻本。《學古齋金石叢書》本。《四庫》著録。

石墨鐫華六卷附録二卷

明趙崡撰。《知不足齋叢書》本。《學古齋金石叢書》本。《四庫》著録。

金石文字記六卷

清顧炎武撰。《亭林遺書》本。《四庫》著録。

古誌石華三十卷

清黄本驥撰。《三長物齋叢書》本。

金石存十六卷

清吴玉搢撰。嘉慶二十四年刻本。

京畿金石攷二卷

清孫星衍撰。《惜陰軒叢書本》。《滂喜齋叢書》本。

常山貞石志二十四卷

清沈西雝撰。道光二十二年刻本。

石經山訪碑記一卷

清石景芬撰。《古學彙刊》本。

上谷訪碑記一卷

清鄧嘉緝撰。《古學彙刊》本。

山左金石志二十四卷

清畢沅、阮元同撰。嘉慶二年琅琊仙館刻本。

濟南金石志十二卷

清馮集軒撰。道光二十年刻本。

泰山石刻記一卷

清孫星衍撰。《古學彙刊》本。

岱巖訪古日記一卷

清黄易撰。西泠印社刻本。

山右金石志十卷

清王軒撰。《山西通志》抽印本。

山右石刻叢編四十卷

清胡聘之撰。光緒二十七年刻本。

中州金石考八卷

清黄叔璥撰。乾隆六年刻本。

中州金石記五卷

清畢沅撰。《經訓堂叢書》本。

安陽金石録十二卷

清武億撰。嘉慶十二年刻本。

偃師金石録四卷

清武億撰。乾隆五十三年刻本。

嵩陽石刻集記二卷

清葉封撰。《湖北先正遺書》本。《四庫》著録。

伊闕訪碑録一卷

清方履籛撰。自刻本。

河朔訪古日記一卷

清黄易撰。西泠印社本。

嵩洛訪碑日記一卷

清黄易撰。《粵雅堂叢書》本。

湖南金石志三十卷

清郭嵩燾、瞿中溶撰。光緒《湖南通志》抽印本。

永州金石略一卷

清宗稷辰撰。躬恥齋刻本。

雍州金石記十卷餘一卷

清朱楓撰。《惜陰軒叢書》本。

關中金石記六卷

清畢沅撰。《經訓堂叢書》本。

唐昭陵石蹟考略五卷

清林桐撰。《粵雅堂叢書》本。《觀自得齋叢書》本。

昭陵碑録三卷附録一卷補一卷

近人羅振玉撰。上虞羅氏自刻本。

邠州石室録三卷

清葉昌熾撰。劉氏嘉業堂刻本。

涪州石魚文字所見録二卷

清姚覲元撰。《古學彙刊》本。

粵東金石略十二卷

清翁方綱撰。《蘇齋叢書》本。

九曜石刻考二卷

清翁方綱撰。《蘇齋叢書》本。

九曜石刻録一卷

清周中孚撰。《翠琅玕館叢書》本。

粤東金石志四卷

清阮元撰。《廣東通志》抽印本。

南漢金石志二卷

清吴蘭修撰。《嶺南遺書》本。《翠琅玕館叢書》本。

粤西金石略十五卷

清謝啟昆撰。嘉慶六年銅鼓亭刻本。

滇南古金石録一卷

清阮福撰。《文選樓叢書》本。

兩浙金石志十八卷

清阮元撰。浙江書局刻本。

會稽金石志六卷

清杜春生撰。浣花草堂刻本。

吳興金石志十二卷

清陸心源撰。光緒十六年刻本。

括蒼金石志十二卷補四卷

清李遇孫撰，鄒栢森校補。同治甲戌刻本。

台州金石録二十一卷

清黄瑞撰。劉氏嘉業堂刻本。

閩中石刻記十四卷

清馮登府撰。《石經閣叢書》本。

江甯金石記八卷待訪目二卷

清嚴觀撰。宣統二年江楚編譯局刻本。

陽羨摩崖記録一卷

清吴騫撰。《古學彙刊》本。

安徽金石略十卷

清趙紹祖撰。《聚學軒叢書》本。

涇川金石記一卷

清趙紹祖撰。《聚學軒叢書》本。

敦煌石室真蹟録五卷

清王仁俊撰。宣統元年國粹堂刻本。

和林金石録一卷

清江標撰。《靈鶼閣叢書》本。

古林金石表一卷

清曹溶撰。《賜硯堂叢書》本。

湖北金石詩二卷

清嚴觀撰。《連筠簃叢書》本。

湖北金石志十八卷

清楊守敬撰。光緒刻本。

襄陽金石略六卷

清吴慶燾撰。光緒二十七年自刻本。

鍾祥金石考八卷

近人李權撰。雙槐廬活字排印本。

灊江貞石記八卷

鵬雲編撰。稿本。

金石書目十卷石刻名彙十四卷補遺一卷

近人黄立猷撰。萬碑館活字印本。

以上金石類目録文字之屬

考古圖十卷

宋吕大臨撰。乾隆壬申天都黄晟校刻本，卷首有吕大臨記。南皮《書目》題吕大防，誤。

續考古圖五卷

宋不著撰人名氏。《十萬卷樓叢書》本。

考古圖釋文一卷

宋不著撰人名氏。翁氏定爲趙九成撰。《十萬卷樓叢書》本。

宣和博古圖録三十卷

宋王黼等撰。乾隆庚午天都黄晟校刻本。

王復齋鐘鼎欵識一卷

宋王厚之撰。嘉慶七年阮元刻本。海甯陳氏《百一廬金石叢書》本。

嘯堂集古録二卷

宋王俅撰。陳氏《百一廬金石叢書》影宋刊本。

歷代鐘鼎彝器款識法帖二十卷

宋薛尚功撰。阮元刻本。貴池劉世珩影宋刻本，附《札記》一卷。

泉志十五卷

宋洪遵撰。《津逮秘書》本。

泉志校誤四卷

清金嘉撰。《觀自得齋叢書》本。

錢譜一卷

舊題宋董逌撰。《翠琅玕館叢書》本。譜中著録迄於元代至正，疑託名董作。

西清古鑑四十卷

清乾隆四年敕編。内府刻本。日本銅鐫大字精本。

西清續鑑二十一卷

清乾隆五十八年敕編。宣統三年涵芬樓影印本。

金石圖説四卷

清褚峻撰。牛運震補説。乾隆摹刻剪帖本。貴池劉世珩覆刻本。《四庫》存目。

金石苑不分卷

清劉喜海撰。道光戊申自刻本。

金石契四册不分卷

清張燕昌撰。乾隆戊戌刻本。光緒丙申劉世珩影寫重刻本。

積古齋鐘鼎彝器款識十卷

清阮元撰。阮氏原刻精本。《後知不足齋叢書》本。

筠清館金文十卷

清吴榮光撰。道光二十二年自刻本。

金石索十二卷

清馮雲鵬、雲鵷撰。滋陽原刻本。

兩罍軒彝器圖釋十二卷

清吴雲撰。咸豐六年歸安吴氏自刻本。

十六長樂古器款識四卷

清錢坫撰。嘉慶元年自刻本。

金石聚十六卷

清張德容撰。二銘草堂精刻本。

錢録十六卷

乾隆十六年敕撰。内府刻本。

求古精舍金石圖四卷

清陳經撰。嘉慶十八年自刻本。

古玉圖二卷

元朱德潤撰。乾隆壬申黄晟校刻本。

古玉圖考二册

清吴大澂撰。光緒己丑刻本。

古泉滙六十四卷續泉滙十四卷

清鮑康撰。自刻《觀古閣叢書》本。

吉金所見録十六卷

清初尚齡撰。嘉慶己卯萊陽初氏家刻本。

荆南萃古編四卷

清劉瀚撰。光緒間自刻本。

長安獲古編二卷補一卷

清劉喜海撰。東武劉氏刻本。

蒙古西域諸國錢譜四卷

清陳其鑣、張美翊撰。《振綺堂叢書》本。

百塼攷一卷

清吕佺孫撰。《滂喜齋叢書》本。

千甓齋古塼圖釋二十卷

清陸心源撰。《潛園叢書》本。

千甓齋磚録六卷續録四卷

清陸心源撰。《潛園叢書》本。

敬心吾室彝器款識不分卷

清朱善旂撰。光緒三十四年朱之榛刻本。

小蓬萊閣金石文字四册不分卷

清黄易撰。道光甲午刻本。

隨軒金石文字九種四册不分卷

清徐渭仁撰。道光甲辰刻本。

攈古録金文九卷

清吴式芬撰。光緒二十年海豐吴氏家刻本。

陶齋吉金録八卷

清端方撰。光緒戊申刻本。

封泥攷略十卷

清吴式芬、陳介祺同撰。光緒甲辰印本。

望堂金石初集六卷二集六卷

清楊守敬撰。觀海堂自刻本。

匡喆刻經頌六卷

清楊守敬撰。觀海堂自刻本。

寰宇貞石圖四卷

清楊守敬撰。宜都楊氏石印本。

浣花拜石軒鏡銘集録二卷

清錢坫撰。《百一廬金石叢書》本。

縮摹漢碑百種不分卷

清葛廉山。拓本。

以上金石類圖象之屬

元豐金石跋尾一卷

宋曾鞏撰。學古齋《金石叢書》本。

金石史二卷

明郭宗昌撰。《四庫》著録。

來齋金石考三卷

清林侗撰。《四庫》著録。

寶鐵齋金石跋尾三卷

清韓崇撰。《滂喜齋叢書》本。

淳化閣法帖考正十二卷

清王澍撰。《四庫》著録。

竹雲題跋四卷

清王澍撰。《四庫》著録。

閒者軒帖考一卷

清孫承澤撰。《四庫》存目。

潛揅堂金石跋尾二十五卷

清錢大昕撰。《潛揅堂全集》本。

金石三跋十卷續跋十四卷

清武億撰。《授堂遺書》本。

平津館讀碑記八卷續記一卷再續一卷三續一卷

清洪頤煊撰。傳經堂刻本。《槐廬叢書》本。

鐵橋金石跋四卷

清嚴可均撰。《聚學軒叢書》本。《鐵橋漫稿》本。

清儀閣金石題識四卷

清張廷濟撰。《觀自得齋叢書》本。

清儀閣金石題跋不分卷

清張廷濟撰。丁立誠刻本。

曝書亭金石文字跋尾六卷

清朱彝尊撰。南海馮氏校刻本。

石經閣金石跋文一卷

清馮登府撰。《槐廬叢書》本。

古墨齋金石跋六卷

清趙紹祖撰。《聚學軒叢書》本。

枕經堂金石題跋三卷

清方朔撰。同治元年自刻本。

開有益齋金石文字記一卷

清朱緒曾撰。光緒庚辰金陵翁氏刻本。

芳堅館題跋四卷

清郭尚先撰。《述古叢鈔》本。前三卷金石，後一卷書畫。

鄰蘇園金石題跋不分卷

清楊守敬撰。自書精刻本。

金石文字辨異十二卷

清邢澍撰。《聚學軒叢書》本。

寫禮廎讀碑記一卷

清王頌蔚撰。寫禮廎遺書本。

語石十卷

清葉昌熾撰。宣統己酉刻本。

癖談六卷

清蔡雲撰。《式訓堂叢書》本。

翠墨園語一卷

清王懿榮撰。風雨樓活字印本。

金石學録四卷金石餘論一卷

清李遇孫、金瀾撰。《古學彙刊》本。

古泉叢話三卷附一卷

清戴熙撰。同治壬申潘祖蔭刻本。

鮑臆園手札一卷

清鮑康撰。《滂喜齋叢書》本。

金石學録補三卷

清陸心源撰。《潛園叢書》本。

周秦石刻釋音一卷

元吾邱衍撰。《十萬卷樓叢書》本。

石鼓文音釋三卷附録一卷

明楊慎撰。《函海》本。《十萬卷樓叢書》本。

石鼓考三卷

清朱彝尊撰。《日下舊聞》本。

石鼓文釋存一卷補注一卷

清張燕昌撰。貴池劉世珩刻本。

石鼓文集釋一卷

清任兆麟撰。任氏《心齋十種》本。

石鼓文定本十卷附地名攷一卷

不著撰人名氏。自署古華山農。古華山館刻本。

石鼓文校誤一卷

清阮元撰。舊鈔本。

石鼓然疑一卷

清莊述祖撰。《珍藝宧遺書》本。

瘞鶴銘圖考一卷

清汪士鋐撰。《粤雅堂叢書》本。《咫進齋叢書》本。《百一廬金石叢書》本。《四庫》存目。

瘞鶴銘考一卷

清吴東發撰。《涉聞梓舊》本。

瘞鶴銘考補一卷

清翁方綱撰。光緒三十四年端方刻本。

鳳墅殘帖釋文二卷

清錢大昕撰。《貸園叢書》本。

石柱記箋釋五卷

清鄭元慶撰。《粤雅堂叢書》本。

集古虎符魚符考一卷

清瞿中溶撰。《百一廬金石叢書》本。

廟堂碑唐本存字一卷

清翁方綱撰。《百一廬金石叢書》本。

華山碑攷四卷

清阮元撰。《文選樓叢書》本。

石門碑醳一卷

清王森文撰。《涉聞梓舊》本。

國山碑攷一卷

清吴騫撰。《拜經樓叢書》本。

焦山鼎銘考一卷

清翁方綱撰。《百一廬金石叢書》本。

周無專鼎銘考一卷

清羅士琳撰。《文選樓叢書》本。

金天德大鐘欵識一卷

清丁晏撰。《頤志齋叢書》本。

紅崖碑釋文一卷

清鄒漢勛撰。光緒癸未家刻本。

埃及碑釋一卷

清陳其鏕撰。《振綺堂叢書》本。

齊侯罍通釋二卷

清陳慶鏞撰。道光丙午何秋濤刻本。

蘭亭攷十二卷

宋桑世昌撰。《知不足齋叢書》本。

蘭亭續攷二卷

宋俞松撰。《知不足齋叢書》本。

蘇米齋蘭亭攷八卷

清翁方綱撰。《粤雅堂叢書》本。《蘇齋叢書》本。

魏鄭文公摩崖碑跋一卷

清諸可寶撰。《校經山房叢書》本。

唐御史臺精舍碑題名録一卷

清趙魏撰。《讀畫齋叢書》本。

唐御史臺精舍碑題名考三卷

清趙鉞勞格撰。《月河精舍叢鈔》本。

唐郎官石柱題名一卷

清趙魏撰。《讀畫齋叢書》本。

校碑隨筆不分卷補遺一卷僞刻一卷

清方若撰。精寫石印本。

蒼玉洞宋人題名石刻一卷

清劉喜海撰。《百一廬金石叢書》本。

武梁祠畫象考不分卷

清瞿中溶撰。自刻本。

武梁祠畫象補考二卷

近人陸開鈞撰。自寫刻本。

以上金石類題跋考釋之屬

金石例十卷

元潘昂霄撰。雅雨堂刻本。《式訓堂叢書》本。徐氏《隨庵叢書》仿元至正本。馮焌光刻本。

墓銘舉例四卷

明王行撰。雅雨堂本。《式訓堂叢書》本。馮焌光刻本。

金石要例一卷

清黄宗羲撰。雅雨堂刻本。《式訓堂叢書》本。馮焌光刻本。

誌銘廣例二卷

清梁玉繩撰。原刻《清白士集》本。《式訓堂叢書》本。朱記榮刻本。

碑版廣例十卷

清王芑孫撰。道光辛丑江文元寫刻本。

金石例補二卷

清郭麐撰。《式訓堂叢書》本。《槐廬叢書》本。朱記榮刻本。自刻靈芬館集本。

漢石例六卷

清劉寶楠撰。《連筠簃叢書》本。朱記榮刻本。

漢魏六朝墓銘纂例四卷

清李富孫撰。《別下齋叢書》本。朱記榮刻本。

金石綜例四卷

清馮登府撰。道光七年刻本。朱記榮刻本。

金石訂例四卷

清鮑振方撰。《後知不足齋叢書》本。《槐廬叢書》本。

漢魏六朝志墓金石例三卷附唐人志墓例一卷

清吴鎬撰。《小石山房叢書》本。《後知不足齋叢書》本。

金石稱例四卷續一卷

清梁廷枏撰。藤花亭刻本。《槐廬叢書》本。

以上金石類義例之屬

右史部金石類二百二十種，一千八百二十七卷，十種無卷數，重者不計。

史部十五

史評類

史通二十卷

唐劉知幾撰。明嘉靖乙未陸深刻本。《四庫》著録。

史通通釋二十卷

清浦起龍撰。乾隆十七年浦氏自刻本。《四庫》著録。

史通訓故補二十卷

清黄叔琳撰。乾隆十二年北平黄氏養素堂自刻本。《四庫》存目。

唐書直筆四卷

宋吕夏卿撰。《小萬卷樓叢書》本。吴興張氏《擇是居叢書》本。《四庫》著録。

舊聞證誤五卷

宋李心傳撰。《雲自在龕叢書》本，補佚文一卷。《四庫》著録。

文史通義八卷校讐通義三卷

清章學誠撰。《粤雅堂叢書》本。貴陽刻本。浙江書局刻本。又劉氏嘉業堂刻《章氏遺書》本。

湖北通志凡例一卷辨例一卷

清章學誠撰。光緒八年彭祖賢刻本。

以上史評類史法之屬

涉史隨筆一卷

宋葛洪撰。《知不足齋叢書》本。《金華叢書》本。《四庫》著録。

東萊左氏博議二十五卷

宋吕祖謙撰。《金華叢書》本。

唐鑑二十四卷

宋范祖禹撰。吕祖謙注。日本天保十年刊本。光緒十年浙江書局刻本。《金華叢書》本。《四庫》著録。

讀史管見三十卷

宋胡寅撰。明張溥校刻本。《四庫》存目。

經幄管見四卷

宋曹彦約撰。《豫章叢書》本。《四庫》著録。

三國紀年一卷

宋陳亮撰。《四庫》存目。湖北刻本。

三國雜事二卷

宋唐庚撰。《函海》本。《四庫》著録。

唐史論斷三卷

宋孫甫撰。《藝海珠塵》本。《粤雅堂叢書》本。《函海》本。《四庫》著録。

承華事略一卷

元王惲撰。《四庫》存目。《小石山房叢書》本。

新舊唐書雜論一卷

明李東陽撰。《借月山房叢書》本。《四庫》存目。

通鑑評語五卷

明申涵煜撰。《畿輔叢書》本。

帝鑑圖説無卷數

明張居正撰。明萬曆刻本。《四庫》存目。

兩漢解疑二卷兩晉解疑一卷

明唐順之撰。《借月山房叢書》本。《四庫》存目。

史懷十七卷

明鍾惺撰。《四庫》存目。《湖北叢書》本。

讀史漫録十四卷

明于慎行撰。明刻本。《四庫》存目。

史論一編四卷

明張溥撰。廣州學海堂刻本。

歷代史論二編十卷

明張溥撰。《四庫》存目。通行朱墨本。

責備餘談二卷

明方鵬撰。《知不足齋叢書》本。《四庫》存目。

御批通鑑綱目五十九卷前編十八卷外紀一卷舉要三卷續編二十七卷

康熙御批。康熙四十七年宋犖校刻本。《四庫》著録。

御批通鑑輯覽一百十六卷附明唐桂二王本末四卷

乾隆御批。《四庫》著録，入編年類。杭州局刻朱墨本。互見。

讀通鑑論三十卷宋論十五卷

清王夫之撰。《船山遺書》本。

瀨園談史六卷

清嚴首昇撰。《瀨園集》本。

讀史論略一卷

清杜詔撰。《藝海珠塵》本。

逸樓論史一卷

清李中黄撰。康熙中刻《逸樓四論》本。抄本。鵬雲校刻本。

閲史郄視四卷續一卷

清李塨撰。《畿輔叢書》本。

話史八卷

清張瑮光撰。康熙二十六年自刻本。

四鑑十六卷

清尹會一撰。《畿輔叢書》本。

讀史二卷

清程大中撰。《在山堂集》本。

史見二卷

清陳遇夫撰。《嶺南遺書》本。

明鑑二十四卷

清嘉慶十八年敕編。武英殿本。

紀事本末約言二卷

清夏勤墉撰。湖北書局刻《巾箱叢書》本。

讀史提要録十二卷

清夏之蓉撰。《高郵夏氏遺書》本。

春秋目論二卷

清鄧顯鶴撰。道光十九年家刻本。

史林測義三十八卷

清計大受撰。嘉慶十九年刻本。

讀史賸言四卷

清秦篤輝撰。《湖北叢書》本。

以上史評類史事之屬

右史部史評類四十二種，五百九十卷，一種無卷數，重者不計。

崇雅堂書録卷之七終

崇雅堂書録卷之八

潛江甘鵬雲藥樵編

子部一

儒家類

子思子一卷

清洪頤煊輯。孫馮翼《經典集林》本。

荀子二十卷

唐楊倞注。明世德堂刻大字本。又世德堂小字本。日本覆明世德堂本。黎庶昌刻《古佚叢書》仿宋台州本。浙江局刻謝墉校本。明嘉靖中許宗魯刻無注本。《畿輔叢書》

本。《抱經堂叢書》本。其書大旨在勸學，其學主于修禮。《四庫》著録。

荀子攷異一卷

宋錢佃撰。光緒乙巳繆荃孫仿宋刻本。

荀子補注一卷

清劉台拱撰。《劉端臨遺書》本。

荀子補注一卷

清郝懿行撰。《郝氏遺書》本。

删定荀子一卷

清方苞删定。《抗希堂全集》本。

荀子集解二十卷

清王先謙撰。光緒辛卯思賢講舍刻本。

魯連子一卷

清洪頤煊輯。孫馮翼刻《經典集林》本。

孟子外書熙時子注四卷

《藝海珠塵》本。《函海》本。《經苑》本。

孔叢子二卷

舊題漢孔鮒撰。湖北局本。《漢魏叢書》本，三卷，有依託。《四庫》著録。

新語二卷

舊題漢陸賈撰。《漢魏叢書》本。湖北局本。大旨主于崇王黜霸，而歸于修身用人。《四庫》著録。

新書十卷

漢賈誼撰。《漢魏叢書》本。明朱圖隆刻本。盧文弨刻《抱經堂叢書》本。浙局重刻盧本。湖北局本。《四庫》著録。

法言二卷

漢揚雄撰。武昌局本。《漢魏叢書》本。《四庫》著録。

法言十卷

漢揚雄撰。明嘉靖六年許宗魯刻無注本。

法言李軌注十三卷音義一卷

晉李軌注。嘉慶二十三年秦恩復石研齋仿宋治平本。浙局覆刻秦本。

法言五臣注十卷

晉李軌、唐柳宗元，宋宋咸、吴祕、司馬光注。明世德堂大字本。又世德堂小字本。《十子全書》本。《四庫》著録。

法言注十卷

宋宋咸注。《漢魏叢書》本。

法言疏證十三卷校補一卷

清汪榮寶撰。排印活字本。

鹽鐵論十二卷

漢桓寬撰。《漢魏叢書》本。張敦仁仿明涂禎刻本，附《考證》三卷。王先謙校刻本。湖北局本，二卷。明張之象注本。此書論食貨。《四庫》著録。

新論一卷

漢桓譚撰。孫馮翼《問經堂叢書》本。

論衡三十卷

漢王充撰。明刻本。《漢魏叢書》本。《四庫》著録。

潛夫論十卷

漢王符撰。《漢魏叢書》本。湖北局本。《四庫》著録。

潛夫論箋十卷

清汪繼培撰。陳春刻《湖海樓叢書》本。湖南思賢書局重刻湖海樓本。

忠經一卷

舊題漢馬融撰。此僞書,姑仍舊題列此。《漢魏叢書》本。湖北局本。《四庫》存目。

申鑒五卷

漢荀悦撰。《漢魏叢書》本。錢培名刻《小萬卷樓叢書》本,附《札記》一卷。湖北局本。

鵬雲過録高仿青校本。《四庫》著録。

牟子理惑論一卷

漢牟融撰。孫星衍刻《平津館叢書》本。湖北局本。

典論一卷

魏文帝撰。《問經堂叢書》本。

中論二卷

魏徐幹撰。《漢魏叢書》本。《小萬卷樓叢書》本，附《札記》一卷。湖北局本。《四庫》著録。

傅子三卷

晉傅玄撰。葉德輝輯刻本，附《訂誤》一卷。

傅子一卷

晉傅玄撰。浙江重刻武英殿聚珍版本。湖北局本。晉王沈稱此書「言富理，濟經綸，政體存，重儒教」。《四庫》著録。

物理論一卷

晉楊泉撰。《平津館叢書》本。

顔氏家訓二卷

北齊顔之推撰。《漢魏叢書》本。武昌局本。鵬雲據宋淳熙七年沈揆考證本校過。兼佛家。《四庫》著録。

顔氏家訓七卷

北齊顔之推撰。《知不足齋叢書》本。湘西章氏重刊宋本，有《考證》一卷。

顔氏家訓二卷

清朱軾評校。高安朱氏刻本。

中説十卷

舊題隋王通撰。宋阮逸注。明世德堂刻大字本。又世德堂小字本。《漢魏叢書》本。浙江局本。《四庫》著録。

帝範四卷

唐太宗撰。武英殿聚珍版本。伍崇曜刻《粤雅堂叢書》本。《四庫》著録。

羣書治要五十卷

唐魏徵撰。《粤雅堂叢書》本。楊墨林刻《連筠簃叢書》本。

續孟子二卷

唐林慎思撰。《知不足齋叢書》本。湖北局本。《函海》本。推闡孟氏之説，頗有發明。

《四庫》著録。

伸蒙子三卷

唐林慎思撰。《知不足齋叢書》本。《藝海珠塵》本。湖北局本。《函海》本。慎思以《易林》自筮，得《蒙》之《觀》，有伸《蒙》入《觀》之語，因以自號。《四庫》著録。

素履子三卷

唐張弧撰。《藝海珠塵》本。湖北局本。《四庫》著録。

家範十卷

宋司馬光撰。《朱軾藏書十三種》本。節録諸經爲綱，而雜采史事可爲法則者以明之。

《四庫》著録。

漁樵問對一卷

舊題宋邵子撰。《百川學海》本。《四庫》存目。

儒志編一卷

宋王開祖撰。《永嘉詩人祠堂叢刻》本。皆講學之語，在濂洛未出以前。《四庫》著録。

公是先生弟子記四卷

宋劉敞撰。武英殿聚珍版本。《知不足齋叢書》本。《四庫》著録。

芻蕘奥論二卷

宋張方平撰。《粤雅堂叢書》本。

吕氏鄉約一卷鄉儀一卷

宋朱子編。徐乃昌《隨庵叢書》仿宋嘉定刻本。

明本釋三卷

宋劉荀撰。武英殿聚珍板本。《四庫》著録。

胡子知言六卷附録一卷

宋胡宏撰。《粤雅堂叢書》本。武昌局本。《四庫》著録。

項氏家説十卷附録二卷

宋項安世撰。武英殿聚珍板本。《四庫》著録。

石林家訓一卷

宋葉夢得撰。葉德輝校刻《石林遺書》本。

石林治生家訓要略一卷

宋葉夢得撰。《石林遺書》本。

放翁家訓一卷

宋陸游撰。《知不足齋叢書》本。

西疇常言一卷

宋何坦撰。《百川學海》本。

承華事略一卷

元王惲撰。顧湘刻《小石山房叢書》本。

世緯二卷

明袁袠撰。《知不足齋叢書》本。《四庫》著録。

海樵子一卷

明王崇慶撰。武昌局本。《四庫》存目。

鄉約一卷

明尹耕撰。《畿輔叢書》本。

繹志十九卷

清胡承諾撰。道光十七年顧錫麒刻本。趙尚輔刻《湖北叢書》本。

讀書説四卷

清胡承諾撰。《湖北叢書》本。

明夷待訪録二卷

清黄宗羲撰。《小石山房叢書》本。《海山仙館叢書》本。《粤雅堂叢書》本。

黄書一卷

清王夫之撰。《船山遺書》本。

思問録二卷俟解一卷噩夢一卷

清王夫之撰。《船山遺書》本。

聰訓齋語二卷

清張英撰。《藝海珠塵》本。

澄懷園語四卷

清張廷玉撰。乾隆丙寅家刻本。

原善二卷

清戴震撰。乾隆丁酉孔繼涵刻《戴氏遺書》本。

子史粹言二卷

清丁晏撰。《頤志堂叢書》本。

漢儒通義七卷

清陳澧撰。《東塾叢書》本。

樞言二卷

清王栢心撰。《湖北叢書》本。唐炯刻《百柱堂全集》本。

畚塘芻論二卷

清孫鼎臣撰。咸豐九年刻本。

學齋庸訓一卷

清孫德祖撰。光緒庚寅刻本。

供冀小言一卷

清林伯桐撰。《修本堂叢書》本。

浮丘子十二卷

清湯鵬撰。同治丁丑李黼堂刻本。

危言四卷

清湯壽潛撰。光緒丙申鄂刻《質學叢書》本。

勸學篇二卷

清張之洞撰。兩湖書院刻本。

雲山讀書記八卷

清鄧繹撰。藻川堂刻本。

原人三卷

近人陳澹然撰。光緒丙午武昌刻本。

以上儒家類論撰之屬

周子全書四卷

宋周敦頤撰。光緒丁亥賀瑞麟刻本。

周子通書注一卷

清李光地注。《榕村全書》本。

太極圖解一卷

清李光地注。《榕村全書》本。

張子全書十四卷附録一卷

宋張載撰。高安《朱氏藏書十三種》本。《四庫》著録。

張子正蒙注九卷

宋張載撰，清王夫之注。《船山遺書》本。

正蒙注解二卷

清李光地注。《榕村全書》本。《四庫》著録。

正蒙會稿四卷

明劉璣撰。《惜陰軒叢書本》。

二程遺書二十五卷附録一卷

程子門人所記，朱子編。明徐必達校刻本。清吕留良寶誥堂刻本。《四庫》著録。

二程外書十二卷

程子門人所記，朱子補之。明徐必達校刻本。清吕留良寶誥堂刻本。《四庫》著録。

二程語録十八卷

程子門人所記，清張伯行編。康熙己丑正誼堂刻本。《四庫》存目。

二程粹言二卷

宋楊時編。明徐必達校刻本。吕氏寶誥堂刻本。《正誼堂全書》本。《四庫》著録。

上蔡語録三卷

宋曾恬、胡安國所録，謝良佐語，朱子删定之。吕氏寶誥堂刻《朱子全書》本。《正誼堂全書》本。《四庫》著録。

袁氏世範三卷

宋袁臯撰。《知不足齋叢書》本。《四庫》著録。

近思録十四卷

宋朱子、呂祖謙同撰。《正誼堂全書》本。《四庫》著録。

近思録集注十四卷

清江永撰。同治七年湖北局本。《四庫》著録。

小學集解六卷

宋朱子撰。清張伯行集解。《正誼堂全書》本。湖北局本。《四庫》存目。

小學集注六卷

宋朱子撰。明陳選集注。舊刻本。《四庫》著録。

朱子語類一百四十卷

宋黎靖德編。呂留良寶誥堂刻本。《四庫》著録。

朱子全書六十六卷

康熙五十二年敕編。内府刻本。《四庫》著録。

少儀外傳二卷

宋呂祖謙選。《守山閣叢書》本。《四庫》著録。

象山語録四卷

宋陸九淵撰。明刻《象山全集》本。

黄氏日抄九十五卷附古今紀要十九卷

宋黄震撰。乾隆丁亥汪岱光校刻本。六十八卷以前論經史得失，六十九卷以下則雜史也。《四庫》著録。

至書一卷

宋蔡沈撰。《十萬卷樓叢書》本。

大學衍義四十三卷

宋真德秀撰。明司禮監刻本。崇禎壬申陳仁錫刻本。同治十三年金陵局刻本。《四庫》著録。

西山讀書記六十一卷

宋真德秀撰。拱極堂刻《西山全集》本。《四庫》著録。

西山讀書記乙集下二十二卷

宋真德秀撰。宋槧本，元延祐五年補板。

理學簡言一卷

宋區仕衡撰。《嶺南遺書》本。

北溪字義二卷嚴陵講義一卷

宋陳淳撰。《惜陰軒叢書本》。《四庫》著録。

準齋雜説二卷

宋吴如愚撰。《武林往哲遺書》本。《四庫》著録。

省心雜言一卷

宋李邦獻撰。《函海》本。《四庫》簡目稱其書切近簡明，足以範世勵俗。《四庫》著録。

朱子讀書法四卷

宋張洪、齊熙同編。舊刻本。《四庫》著録。

讀書分年日程三卷

元程端禮撰。《正誼堂全書》本。因輔廣所輯朱子讀書法而修之。《四庫》著録。

辨惑編四卷附録一卷

元謝應芳撰。《守山閣叢書》本。《四庫》著録。

性理大全書七十卷

明永樂十三年胡廣等奉敕撰。明景泰乙亥書林魏氏仁實書堂刊本。《四庫》著録。

理學類編八卷

明張九韶撰。《豫章叢書》本。《四庫》著録。

讀書録十一卷續録十二卷

明薛瑄撰。雍正甲寅河東薛氏家刻《全集》本。躬行心得之言。《四庫》著録。正誼堂本，八卷

薛子道論三卷

明薛瑄撰。武昌局本。《四庫》存目，一卷。

從政名言二卷

明薛瑄撰。抄本。《四庫》存目。

傳習録三卷

明王守仁撰。《陽明遺書》本。

居業録八卷

明胡居仁撰。《正誼堂全書》本。《四庫》著録。

白沙語要一卷

明陳獻章撰。《嶺南遺書》本。

甘泉新論一卷

明湛若水撰。《嶺南遺書》本。《四庫》存目。

龍谿語録八卷

明王畿撰。萬曆乙卯張汝霖刻《龍谿全集》本。

道南源委六卷

明朱衡撰。《正誼堂全書》本。

大極繹義一卷通書繹義一卷

明舒芬撰。萬曆庚申刻本。《四庫》存目。

大學衍義補一百六十卷

明丘濬撰。崇禎壬申陳仁錫刻本。《四庫》著録。

朱子學的二卷

明丘濬撰。《四庫》存目。《正誼堂全書》本。

困知記二卷續記二卷三續一卷四續一卷續補一卷附録一卷外編一卷

明羅欽順撰，康熙張貞生校刻本。又明萬曆二十年李楨刻本。《正誼堂全書》本，無《三續》以下五卷。《四庫》著録。

學蔀通辨十二卷

明陳建撰。康熙丙戌汪宗洛刻本。康熙戊午顧天挺刻本。《正誼堂全書》本。《四庫》存目。

藥言一卷

明姚舜牧撰。《咫進齋叢書》本。

周子抄釋三卷張子抄釋六卷二程子抄釋十卷朱子抄釋二卷

明吕柟撰。《惜陰軒叢書本》。《四庫》著録。

小兒語一卷

明吕得勝撰。《藝海珠塵》本。

呻吟語六卷

明吕坤撰。乾隆甲寅裔孫燕貽刻本。《四庫》存目。

呻吟語選二卷

明吕坤撰。清阮福編。《文選樓叢書》本。

吕子節録四卷補遺二卷

明吕坤撰。清陳宏謀删節本。《四庫》存目。

吕語集粹四卷

明吕坤撰。清尹會一編。道光十二年河南刻本。《畿輔叢書》本。

續小兒語一卷

明吕坤撰。《藝海珠塵》本。

小學古訓一卷

明黄佐撰。《嶺南遺書》本。

毋欺録一卷

明朱用純撰。《小石山房叢書》本。

黽記四卷

明錢一本撰。明刻本，歐陽東鳳序。《四庫》存目。

温氏母訓一卷

明温璜録其母陸氏之訓。《乾坤正氣集》本。《四庫》著録。

閒居擇言一卷

明趙南星撰。鈔本。

古今藥石二卷

明宋纁撰。《得月簃叢書》本。

胡子衡齊八卷

明胡直撰。《豫章叢書》本。《四庫》存目。

子劉子學言三卷

明劉宗周撰。黄宗羲、姜希轍校刻本。

人譜一卷

明劉宗周撰。湖北局本。《四庫》著録。

人譜類記六卷

清方顧瑛撰。道光九年汪霦校刻本。《四庫》著録二卷。

龐氏家訓一卷

明龐尚鵬撰。《嶺南遺書》本。

洨濱語録二十卷

明蔡𩆜撰。《畿輔叢書》本。光緒戊寅夏子塗刻本。《四庫》存目。

吾師録一卷

明黄淳耀撰。《藝海珠塵》本。

庭訓格言一卷

清世宗述聖祖語。俞增光廣東刻本，無年月。《四庫》著録。

夏峰語録二卷答問二卷孝友堂家規一卷家訓一卷

清孫奇逢撰。《畿輔叢書》本。

理學宗傳二十六卷

清孫奇逢撰。浙江局本。

潛室劄記二卷

清刁包撰。《畿輔叢書》本。《四庫》存目。

朱子學歸二十三卷

清鄭端撰。《畿輔叢書》本。《四庫》存目。

存性編二卷存學編四卷存治編一卷存人編四卷習齋紀餘十卷

清顔元撰。《畿輔叢書》本。《四庫》存目。

顔氏學記四卷

清戴望撰。淮南書局本。

四鑑録十六卷劄記四卷讀書筆記六卷

清尹會一撰。《畿輔叢書》本。

事親庸言二十卷

清竇克勤撰。康熙五十六年家刻本。

明儒學案六十二卷

清黄宗羲撰。道光元年莫晉刻本。

聖經學規纂二卷論學二卷小學稽業五卷大學辨業四卷

清李塨撰。《畿輔叢書》本。《四庫》存目。

顔李學三種習齋語要二卷恕谷語要二卷顔李師承記九卷

近人徐世昌纂。自刻本。

明儒語要四卷

清秦道然撰。乾隆甲戌秦蕙田刻本。

耻言二卷

清徐禎稷撰。《藝海珠塵》本。

修慝餘編一卷

清陳藎撰。《藝海珠塵》本。

讀禮志疑六卷

清陸隴其撰。《正誼堂全書》本。

三魚堂賸言十二卷

清陸隴其撰。《三魚堂全集》本。《正誼堂全書》本。《四庫》著録。

讀朱隨筆四卷

清陸隴其撰。《正誼堂全書》本。

問學録四卷

清陸隴其撰。《正誼堂全書》本。《四庫》存目。

松陽抄存一卷

清陸隴其撰。《正誼堂全書》本。《四庫》著録二卷。

陸清獻公日記十卷

清陸隴其撰。道光辛丑柳氏刻本。

淮雲問答二卷

清陳瑚撰。《小石山房叢書》本。

性理精義十二卷

康熙五十六年李光地奉敕撰。内府刻本。《四庫》著録。

日知薈説四卷

乾隆元年御撰。内府刻本。《四庫》著録。

思辨録輯要二十二卷

清陸世儀撰。《正誼堂全書》本。《四庫》著録三十五卷。

思辨録疑義一卷

清劉蓉撰。光緒丁丑思賢講舍刻本。

論學酬答四卷

清陸世儀撰。《陸桴亭全集》本。《小石山房叢書》本。

王學質疑五卷附録一卷

清張烈撰。《正誼堂全書》本。

韓子粹言二卷

清李光地撰。《榕村全書》本。

二程遺書纂二卷二程外書纂一卷

清李光地撰。《榕村全書》本。

朱子語類四纂五卷

清李光地撰。《榕村全書》本。

榕村語録三十卷榕村講授三卷

清李光地撰。《榕村全書》本。《四庫》著録。

道南講授十三卷

清李清馥撰。《榕村全書》本。

常談二卷

清張瑮光撰。康熙二十六年自刻本。

教孝編一卷

清姚廷傑撰。《峭帆樓叢書》本。

原理二卷

清夏力恕撰。家刻《菜根堂全集》本。

五種遺規二十二卷

清陳宏謀撰。《學仕遺規》四卷、《補編》四卷、《從政遺規》二卷、《養正遺規》二卷、《補編》一卷、《教女遺規》三卷、《訓俗遺規》四卷、《補編》二卷。乾隆七年家刻本。武昌局本。

手札撮要三卷

清陳宏謀撰。武昌局本。光緒辛巳黎培敬刻本。

緒言三卷

清戴震撰。《粤雅堂叢書》本。

棉陽學準五卷

清藍鼎元撰。雍正刻《鹿洲全集》本。《四庫》存目。

女學六卷

清藍鼎元撰。《鹿洲全集》本。光緒丁酉丁仁長重刻本。《四庫》存目。

婦學一卷

清章學誠撰。《藝海珠塵》本。

女教經傳通纂二卷

清任啟運撰。《四庫》存目。

迂言百則一卷

清陳遇夫撰。《嶺南遺書》本。

懺摩録一卷

清彭兆蓀撰。《小石山房叢書》本。

宋元學案一百卷

清全祖望撰。道光丙午何紹基重刻慈溪馮氏本。

冷語二卷

清劉源淥撰。光緒十七年涂宗瀛刻本。《四庫》存目。

學案小識十五卷

清唐鑑撰。道光二十六年自刻本。

養正類編一十三卷

清張伯行撰。《正誼堂全書》本。

學規類篇二十七卷

清張伯行撰。《正誼堂全書》本。《四庫》存目。

續近思録十四卷廣近思録十四卷

清張伯行撰。《正誼堂全書》本。《四庫》存目。

濂洛關閩書十九卷

清張伯行撰。《正誼堂全書》本。《四庫》存目。

困學録集粹十八卷

清張伯行撰。《正誼堂全書》本。《四庫》存目。

儒門法語一卷

清彭定求撰。光緒辛巳彭祖賢刻本。《四庫》存目。

課子隨筆六卷

清張師載撰。徐桐節鈔。同治十年徐氏刻本。

課子隨筆續編一卷

清徐桐撰。徐氏刻本。

警書三卷

清秦篤輝撰。光緒十三年闕棠刻本。

弟子箴言十六卷

清胡達源撰。道光乙未益陽胡氏聞妙香軒刻本。

爲學大指一卷艮峰日記四卷

清倭仁撰。光緒七年家刻《倭文端遺書》本。

啓心金鑑二卷

清倭仁撰。《倭文端遺書》本。

求闕齋日記二卷

清曾國藩撰。湖南傳忠書局刻本。

朱子語類日鈔五卷

清陳澧編。光緒丙申皖江藩署刻本。

廣陽園近鑑一卷

清俞樾撰。《春在堂全集》本。

藥言四卷藥言賸稿四卷

不著撰人名氏。題拙修老人撰。長沙養晦堂劉氏刻本。

冰言十卷補録十卷

不著撰人名氏。題拙修老人撰。按，即李西漚庚也。長沙養晦堂劉氏刻本。

私省録一卷示兒編一卷涕泣言一卷筆談一卷

清周耿光撰。同治五年善化楊氏問竹軒刻本。

先正讀書法一卷

清周永年撰。光緒戊寅元孫兆慶刻本。

教童子法一卷

清王筠撰。《雲自在龕叢書》本。

以上儒家類理學之屬

風俗通義十卷

漢應劭撰。《漢魏叢書》本。《四庫》著録。

風俗通姓氏篇一卷

漢應劭撰。張澍輯刻《二酉堂叢書》本。

風俗通義逸文二卷

清錢大昕撰。抱經堂本。

古今注三卷

晉崔豹撰。《漢魏叢書》本。《畿輔叢書》本。武昌局本。《四庫》著録，入雜家。

刊誤二卷

唐李涪撰。《百川學海》本。《四庫》著録，入雜家。

封氏聞見記十卷

唐封演撰。《雅雨堂叢書》本。《畿輔叢書》本。《四庫》著録，入雜家。

蘇氏演義二卷

唐蘇鶚撰。《藝海珠塵》本。《函海》本。《四庫》著録，入雜家。

資暇集三卷

唐李匡乂撰。《知不足齋叢書》本。《四庫》著録，入雜家。

中華古今注三卷

五代馬縞撰。《百川學海》本。《四庫》著録，入雜家。

東原録一卷

宋龔鼎臣撰。《藝海珠塵》本。《十萬卷樓叢書》本。《四庫》著録。

宋景文筆記三卷

宋宋祁撰。《百川學海》本。《四庫》著録。

夢溪筆談二十六卷補三卷續一卷

宋沈括撰。《稗海》本。《津逮秘書》本。光緒丙午陶福祥刻本。《四庫》著録。

靖康湘素雜記十卷

宋黄朝英撰。《守山閣叢書》本。《四庫》著録，入雜家。

能改齋漫録十八卷

宋吴曾撰。《守山閣叢書》本。《四庫》著録，入雜家。

蘆浦筆記十卷

宋劉昌詩撰。《知不足齋叢書》本。此書多糾正《能改齋漫録》之謬。《四庫》著録。

西溪叢語三卷

宋姚寬撰。《稗海》本。《津逮秘書》本，二卷。《四庫》著録，入雜家。

學林十卷

宋王觀國撰。《湖海樓叢書》本。《四庫》著録，入雜家。

容齋隨筆十六卷續筆十六卷三筆十六卷四筆十六卷五筆十卷

宋洪邁撰。明馬元調刻本。掃葉山房刊本。《四庫》著録，入雜家。

考古編十卷

宋程大昌撰。抄本。明刻本。《函海》本。《四庫》著録，入雜家。

演繁露十六卷續六卷

宋程大昌撰。明刻本。《學津討源》本。《四庫》著録，入雜家。

雲谷雜記四卷

宋張淏撰。《海山仙館叢書》本。《四庫》著録，入雜家。

履齋示兒編二十三卷

宋孫奕撰。《知不足齋叢書》本。

緯略十二卷

宋高似孫撰。《守山閣叢書》本。《四庫》著録，入雜家。

野客叢書三十卷附野老紀聞一卷

宋王楙撰。明嘉靖壬戌王穀祥刻本。《四庫》著録，入雜家。

考古質疑六卷

宋葉大慶撰。武英殿聚珍板本。《海山仙館叢書》本。《四庫》著録，入雜家。

習學記言五十卷

宋葉適撰。温州黄體芳刻本。達治亂通變之原。《四庫》著録，入雜家。

老學庵筆記十卷續三卷

宋陸游撰。《放翁全集》本。湖北局本。《四庫》著録，入雜家。

賓退録十卷

宋趙與旹撰。光緒辛亥繆荃孫重刻宋本。《四庫》著録，入雜家。

學齋佔畢四卷

宋史繩祖撰。《百川學海》本。《四庫》著録，入雜家。

佩韋齋輯聞四卷

宋俞德鄰撰。《讀畫齋叢書》本。

鼠璞一卷

宋戴埴撰。《百川學海》本。《知不足齋叢書》本，二卷。《四庫》著録，入雜家。

困學紀聞二十卷

宋王應麟撰。閻若璩箋。馬曰璐叢書樓刻本。《四庫》著録，入雜家。

困學紀聞何箋二十卷

清何焯撰。乾隆間汪亘校刻本。

困學紀聞三箋二十卷

清閻若璩、何焯、全祖望箋。嘉慶七年屠繼序校刻本。

困學紀聞集證二十卷

清萬希槐撰。嘉慶十二年萬氏家刻本。

困學紀聞注二十卷

清翁元圻撰。道光乙酉翁氏自刻本。

坦齋通編一卷

宋邢凱撰。《守山閣叢書》本。《四庫》著録，入雜家。

敬齋古今黈八卷

元李治撰。《海山仙館叢書》本。《畿輔叢書》本。《四庫》著録，入雜家。

蠡海集一卷

明王逵撰。《稗海》本。《四庫》著録，入雜家。

丹鉛總録二十七卷

明楊慎撰。明刻本。又《函海》本，十卷。《四庫》著録，二十一卷，入雜家。

譚苑醍醐九卷

明楊慎撰。明刻《升庵集》本。《四庫》著録，入雜家。

筆乘六卷續六卷

明焦竑撰。《粤雅堂叢書》本。《四庫》存目，入雜家。

古今風謡一卷古今諺一卷

明楊慎撰。《藝海珠塵》本。

疑耀七卷

明張萱撰。《嶺南遺書》本。舊題李贄撰，非也。《四庫》著録，入雜家。

少室山房筆叢三十二卷續集十六卷

明胡應麟撰。廣雅書局刻本。《四庫》著録，入雜家。

名義攷十二卷

明周祈撰。明萬曆十二年黄正色刻本。《湖北先正遺書》影明印本。《四庫》著録，入雜家。

通雅五十二卷

明方以智撰。康熙丙午浮山此藏軒刻本。《四庫》著録，入雜家。

巵林十卷補遺一卷

明周嬰撰。《湖海樓叢書》本。《四庫》著録，入雜家。

識小録一卷

清王夫之撰。《船山遺書》本。

菰中隨筆三卷

清顧炎武撰。《亭林遺書》本。《海山仙館叢書》本，一卷。

日知録集釋三十二卷附栞誤二卷

清顧炎武撰。黄汝成箋。道光十四年黄氏西谿草堂刊本。《四庫》著録，入雜家。

日知録之餘四卷

清顧炎武撰。《風雨樓叢書》本。

羣書辨疑十二卷

清萬斯同撰。嘉慶丙子汪廷珍刻本。

蒿庵閒話二卷

清張爾岐撰。《貸園叢書》本。《粤雅堂叢書》本。《四庫》存目，入雜家。

潛邱劄記六卷

清閻若璩撰。乾隆十年家刻本。康熙間眷西堂刻本，附《左汾近稿》一卷，閻詠撰。《四庫》著録，入雜家。

湛園札記四卷

清姜宸英撰。道光中葉元堮刻本。《四庫》著録，入雜家。

掌録二卷

清陳祖范撰。乾隆甲申家刻《陳司業全集》本。《四庫》存目，入雜家。

白田雜著八卷

清王懋竑撰。廣雅局刻本。《白田存稿》原刻本。《四庫》著録，入雜家。

讀書雜辨二卷

清沈宜撰。抄本。鵬雲校訂。

管城碩記三十卷

清徐文靖撰。志甯堂刻本。乾隆九年家刻《位山全集》本。《四庫》著録，入雜家。

訂譌雜録十卷

清胡鳴玉撰。《湖海樓叢書》本。《四庫》著録，入雜家。

證疑備覽六卷

清夏力恕撰。光緒乙酉菜根堂刻本。

經史問荅十卷

清全祖望撰。同治壬申刻本。《鮚埼亭集》附刻本。

西圃叢辨三十二卷

清田同之撰。乾隆甲戌李世垣刊本。《四庫》存目。

韓門綴學五卷續編一卷

清汪師韓撰。《叢睦汪氏遺書》本。

龍城札記三卷

清盧文弨撰。《式訓堂叢書》本。《抱經堂叢書》本。

鍾山札記四卷

清盧文弨撰。《抱經堂叢書》本。《式訓堂叢書》本。

羣書拾補三十七卷補遺三卷識語一卷

清盧文弨撰。《紹興先正遺書》本。《抱經堂叢書》本。

讀書雜志八十四卷志餘二卷

清王念孫撰。江南局本。

炳燭偶抄一卷

清陸錫熊撰。《藝海珠塵》本。

斠補隅録二十四卷

清蔣光煦撰。《涉聞梓舊》本。

義門讀書記六十卷

清何焯撰。乾隆己丑蔣維鈞編刻本。《四庫》著録五十八卷，入雜家。

柚堂筆談四卷

清盛百二撰。乾隆三十四年家刻本。

十駕齋養新録二十卷餘録三卷

清錢大昕撰。《潛揅堂全書》本。浙江局本。

蛾術編八十二卷

清王鳴盛撰。道光辛丑沈楙德刻本。

南江札記四卷

清邵晉涵撰。《式訓堂叢書》本。《紹興先正遺書》本。

曉讀書齋雜録四卷

清洪亮吉撰。《北江全集》本。

質疑二卷

清杭世駿撰。《讀畫齋叢書》本。

識小編二卷

清董豐垣撰。葛氏學古齋刻本。《四庫》著録，入雜家。

援鶉堂隨筆五十卷

清姚範撰。道光丙申家刻本。

惜抱軒筆記八卷

清姚鼐撰。《惜抱軒全集》本。

札樸十卷

清桂馥撰。光緒九年長洲蔣氏心矩齋刻本。

簷曝雜記六卷

清趙翼撰。《甌北全集》本。

陔餘叢考四十三卷

清趙翼撰。《甌北全集》本。

潘瀾筆記二卷

清彭兆蓀撰。《小石山房叢書》本。

舊事考遺四卷

清程大中撰。《在山堂集》本。按，此書多考古制。

質孔説二卷

清周夢顔撰。《琳琅秘室叢書》本。

炳燭編四卷

清李賡芸撰。《滂喜齋叢書》本。

漑亭述古録二卷

清錢塘撰。《文選樓叢書》本。《式訓堂叢書》本。

合肥學舍札記十二卷

清陸繼輅撰。光緒四年刻本。道光十六年自刻本，八卷。

瞥記七卷

清梁玉繩撰。《清白士集》本。

庭立紀聞四卷

清梁學昌、梁衆、梁耆、梁田同撰。《清白士集》本。

讀書小記二卷

清焦廷琥撰。《鄦齋叢書》本。

癸巳類稿十五卷

清俞正燮撰。道光十三年王藻刻本。

癸巳存稿十五卷

清俞正燮撰。《連筠簃叢書》本。

過庭録十六卷

清宋翔鳳撰。章氏式訓堂刻本。

研六堂文鈔十卷

清胡培翬撰。光緒戊寅胡氏世澤樓家刻本。

禮耕齋叢説一卷

清施國祁撰。道光乙巳周學海刻本。

愈愚録六卷

清劉寶楠撰。廣雅書局刻本。

東湖叢記六卷

清蔣光煦撰。《雲自在龕叢書》本。

開卷偶得十卷

清林春溥撰。《竹柏山房叢書》本。

古書拾遺四卷

清林春溥撰。《竹柏山房叢書》本。

借閒隨筆一卷

清汪遠孫撰。《振綺堂叢書》本。

羣書札記十六卷

清朱亦棟撰。光緒四年武林竹簡齋刻本。

桑榆夕照録四卷

清蕭震萬撰。湘潭蕭氏家刻本。

橋西雜記一卷

清葉名澧撰。《滂喜齋叢書》本。

古諺箋十卷

清林伯桐撰。《脩本堂叢書》本。

讀書雜識二十卷

清勞格撰。《月河精舍叢鈔》本。

讀書偶識十卷附一卷

清鄒漢勛撰。光緒癸未家刻本。

求闕齋讀書録十卷雜録二卷

清曾國藩撰。曾氏家刻本。

臨川答問一卷

清劉壽、曾述、李聯珂答。《積學齋叢書》本。

蠡勺編四十卷

清凌揚藻撰。《嶺南遺書》本。

操技齋遺書四卷

清管禮耕撰。《南菁書院叢書》本。

廣雅堂雜著四卷

清張之洞撰。南皮張氏家刻本。

東塾讀書記十五卷

清陳澧撰。廣東原刻本。原二十五卷，餘十卷未成。

越縵堂日記五十三卷

清李慈銘撰。浙江公會石印本。

札迻十二卷

清孫詒讓撰。光緒二十年自刻本。

諸子平議三十五卷讀書餘録二卷湖樓筆談七卷達齋叢説一卷

清俞樾撰。《春在堂全書》本。

春在堂讀書記二十六卷

清俞樾撰。《春在堂全書》本。

古書疑義舉例七卷

清俞樾撰。《春在堂全書》本。

無邪堂答問五卷

清朱一新撰。廣雅書局刻本。

雲自在龕日記三卷

清繆荃孙撰。風雨樓活字排印本。

以上儒家類考據之屬

右子部儒家類三百四十種，三千八百五十八卷。

子部二

法家類

管子二十四卷

舊題周管夷吾撰。武昌局本。無注。《四庫》著録。

管子房注二十四卷

唐房玄齡撰。明趙用賢刻本。浙江局本。光緒五年影刻宋楊忱本。

管子補注二十四卷

明劉績撰。明朱東光刻《中都四子》本。《四庫》著録。

管子権二十四卷

明朱長春撰。明刻本。《四庫》存目。

删定管子一卷

清方苞删定。《抗希堂全集》本。

管子義證八卷

清洪頤煊撰。《積學齋叢書》本。

管子校正二十四卷

清戴望撰。同治壬申潘祖蔭刻本。

弟子職集解一卷

清莊述祖撰。《式訓堂叢書》本。

弟子職正音一卷

清王筠撰。《式訓堂叢書》本。

管子地員篇註四卷

清王紹蘭撰。光緒十七年胡燏棻刻本。

管子校義二卷

近人李哲明撰。活字印本。

管子餘義一卷

近人章炳麟撰。《章氏叢書》本。

商子五卷

舊題秦商鞅撰。《問經堂叢書》本。浙江書局刻嚴萬里校本，附《考》一卷。武昌局本。《四庫》著録。

韓非子二十卷

周韓非撰。明趙用賢刻本。吴鼒仿宋刻本，附顧廣圻《識誤》三卷。明吴勉學刻本。浙江局本。《四庫》著録。

韓非子集解二十卷

清王先慎撰。光緒丙申湖南思賢書局刻本。

龍筋鳳髓判四卷

唐張鷟撰。明劉允鵬撰。《湖海樓叢書》本。《海山仙館叢書》本。

洗冤録五卷

宋宋慈撰。《岱南閣叢書》本。江蘇局本。《四庫》著録二卷。

洗冤録集證五卷

清阮其新撰。浙局重刻五色套印本。

洗冤録辨正一卷

清瞿中溶撰。浙江局本，附前書後。

洗冤録檢驗合參一卷

清郎錦麒撰。浙江局本，附前書後。

洗冤録解一卷

清姚德豫撰。浙江局本，附前書後。

無冤録二卷

宋不著撰人名氏。近人王佑校注。排印本。

棠陰比事一卷

宋桂萬榮撰。朱緒曾仿宋刻本。《四庫》著録。

折獄龜鑑八卷

宋鄭克撰。《守山閣叢書》本。韵石齋刻本。《四庫》著録。

折獄龜鑑補六卷

清胡文炳撰。韵石齋刻本。

幕學舉要一卷

清萬維翰撰。浙江局本。

辦案要略一卷

清王又槐撰。浙江局本。

刑幕要略一卷附贅言十則

不著撰人名氏。浙江局本。

右子部法家類二十八種，二百一十四卷，重者不計。

子部三

農家類

范子計然一卷

清洪頤煊輯。孫馮翼刻《經典集林》本。

計倪子一卷

周計然撰。《知不足齋叢書》本。湖北書局本。

計然萬物録一卷

周辛文子撰。苑泮林輯刻《十種古佚書》本。

氾勝之書二卷

清洪頤煊輯。孫刻《經典集林》本。

氾勝之書二卷

清宋葆淳輯。徐乃昌刻《鄦齋叢書》本。

齊民要術十卷

魏賈思勰撰。《津逮秘書》本。湖北書局本。《四庫》著録。

北宋本齊民要術第五第八殘卷

上虞羅氏《吉石盦叢書》影宋明道本。

耒耜經一卷

唐陸龜蒙撰。《津逮秘書》本。《四庫》存目。

農書三卷

宋陳旉撰。《知不足齋叢書》本。《四庫》著録。

蠶書一卷

宋秦觀撰。《知不足齋叢書》本。

山家清事一卷

宋林洪撰。《小石山房叢書》本。

農桑輯要七卷

元至元十年官撰。武英殿聚珍板本。漸西村舍刻本。《四庫》著録。

農書二十二卷

元王楨撰。武英殿聚珍板本。《四庫》著録。

種樹書一卷

元俞宗本撰。漸西村舍刻本。

農桑衣服撮要二卷

元魯明善撰。《長恩書室叢書》本。《四庫》著録。

潞水客談一卷

明徐貞明撰。《粤雅堂叢書》本。

奇器圖説三卷

明西洋鄧玉函撰。《守山閣叢書》本。

諸器圖説一卷

明王徵撰。《守山閣叢書》本。

蠶桑説一卷

清趙敬如撰。《漸西村舍叢書》本。

廣蠶桑説二卷

清沈練撰。《漸西村舍叢書》本。

木棉譜一卷

清褚華撰。《藝海珠塵》本。

恒産瑣言一卷

清張英撰。《藝海珠塵》本。

飯十有二合説一卷

清張英撰。湖南刻本。

七十二候攷一卷

清曹仁虎撰。《藝海珠塵》本。

箕田考一卷

清韓百謙撰。《别下齋叢書》本。

馬首農言二卷

清祁寯藻撰。鈔本。

農丹一卷

清張標撰。《雲自在龕叢書》本。

右子部農家類二十七種，七十一卷，重者不計。

子部四

醫家類

黄帝素問十二卷

唐王冰注，宋林億、孫奇、高保衡等校。明趙府居敬堂刻本，傅青主手批。《四庫》著録。

靈樞經十二卷

明趙府居敬堂刻本，傅青主手批。《四庫》著録。

黄帝内經素問二十四卷靈樞十二卷

清光緒三年浙江書局仿刻明武陵顧氏影宋嘉祐本。

素問釋義十卷

清張琦撰。道光十年家刻《宛鄰遺書》本。

素問較義一卷

清胡澍撰。《滂喜齋叢書》本。

黄帝内經太素三十卷

唐楊上善注，清黄陂蕭延平校。蕭氏蘭陵堂仿宋嘉祐本。

難經本義二卷

舊題周秦越人撰，元滑壽注。明吴勉學刻本。《四庫》著録。

難經集注五卷

明王九思撰。《守山閣叢書》本。日本《佚存叢書》本。

金匱要略論注三卷

漢張機撰。《醫統》本。

金匱要略論注二十四卷

漢張機撰，清徐彬注，顧觀光校。莫祥芝刻《武陵山人遺書》本。《四庫》著録。

金匱要略淺注十卷

清陳念祖撰。通行本。

傷寒論注十卷

漢張機撰。金成無己注。清顧觀光校。《武陵山人遺書》本。《四庫》著録。

甲乙經十二卷

晉皇甫謐撰。明吴勉學刻《古今醫統》本。《四庫》著録。

脉經十卷

晉王叔和撰。《守山閣叢書》本。

華氏中藏經三卷

舊本題漢華陀撰。《平津館叢書》本。

銅人針灸圖經五卷

宋王惟德撰。劉世珩影刻金大定本。《四庫》著録七卷。

傷寒發微論二卷

宋許叔微撰。《十萬卷樓叢書》本。

傷寒百證歌五卷

宋許叔微撰。《述古叢鈔》本。《十萬卷樓叢書》本。

傷寒九十論一卷

宋許叔微撰。《琳瑯秘室叢書》本。

傷寒總病論六卷

宋龐安常撰。《士禮居叢書》仿宋本，附《札記》一卷。《四庫》著録。

醫經正本書一卷

宋程迥撰。《十萬卷樓叢書》本。《小萬卷樓叢書》本。

咽喉脈證通論一卷

宋不著撰人名氏。《咫進齋叢書》本。

陰症略例一卷

元王好古撰。《十萬卷樓叢書》本。

隄疾恒談十五卷

明陳士元撰。《歸雲外集》本。《藝海珠塵》本。

東醫寶鑑二十二卷

明朝鮮許浚撰。朝鮮原刻本。

名醫類案十二卷

明江瓘撰。《知不足齋叢書》本。《四庫》著録。

全體新論十卷

西洋合信撰。《海山仙館叢書》本。

經絡歌訣一卷

清汪昂撰。《述古叢鈔》本。

傷寒六經定注一卷

清舒詔撰。《述古叢鈔》本。

慎疾芻言一卷

清徐大椿撰。《咫進齋叢書》本。

勿藥須知一卷

清尤乘撰。《小石山房叢書》本。

神農本草經三卷

清孫星衍、孫馮翼同輯。《問經堂叢書》本。

神農本草經四卷

清顧觀光輯。《武陵山人遺書》本。

本草集注序録一卷

梁陶隱居撰。上虞羅氏《吉石庵叢書》影唐開元寫本。

新修本草十卷補輯一卷

唐徐勣等修。光緒十五年傅雲龍仿刻唐卷子本。

本草衍義二十卷

宋寇宗奭撰。《十萬卷樓叢書》本。

重修大觀經史證類本草三十一卷

宋唐慎徽撰。光緒甲辰柯逢時仿金泰定刻本。

重修政和經史證類本草三十卷

宋唐慎徽撰。明嘉靖癸未陳鳳梧刻本。《四庫》著録。

本草綱目五十二卷

明李時珍撰。明萬曆癸卯刻本。《四庫》著録。

奇經八脈考一卷

明李時珍撰。《本草綱目》附刻本。

瀕湖脈學一卷

明李時珍撰。《本草綱目》附刻本。

本草述三十二卷

明劉若金撰。清康熙己卯陳訏校刻本。近人蕭延平校刻本。

本草述鈎玄三十二卷

清楊時泰撰。道光壬寅伍氏刻本。

本草從新十八卷

清吴儀洛撰。道光丙午瓶花書屋刻本。

石藥爾雅二卷

唐梅彪撰。《别下齋叢書》本。

備急千金要方三十卷

唐孫思邈撰。宋林億校。日本《江户醫學》影北宋本。光緒戊寅上海重印本。《四庫》著録九十三卷。

千金翼方三十卷

唐孫思邈撰，宋林億校。日本《江户醫學》影元大德本。光緒戊寅上海重印本。

千金寶要六卷

唐孫思邈撰，宋郭思編，清孫星衍校。《平津館叢書》本。

經效産寶三卷續一卷

唐昝殷撰。光緒七年日本仿宋刻本。

顱顖經二卷

唐不著撰人名氏。近人蕭延平校刻本。《四庫》著録。

劉涓子鬼遺方五卷

宋龔慶宣傳録。《讀畫齋叢書》本。徐乃昌《隨庵叢書》仿宋刻本。

蘇沈良方十卷

宋蘇軾、沈括撰。《知不足齋叢書》本。《藝海珠塵》本。《四庫》著録八卷。

壽親養老新書四卷

宋陸直撰。元鄒鉉續。《述古叢鈔》本。《四庫》著録。

太平惠民和劑局方十卷

宋元豐官修。《知不足齋叢書》本。《四庫》著録。

旅舍備要方一卷

宋董汲撰。《長恩書室叢書》本。《四庫》著録。

全生指迷方四卷

宋王贶撰。《長恩書室叢書》本。《四庫》著録。又《珠叢别録》本。

産育寶慶方二卷

宋不著撰人名氏。《函海》本。《四庫》著録。

濟生方八卷

宋嚴用和撰。《醫學叢書》本。《四庫》著録。

洪氏集驗方五卷

宋洪遵撰。《士禮居叢書》本。

史載之方二卷

宋史堪撰。《十萬卷樓叢書》本。

小兒衛生總微論方二十卷

宋不著撰人名氏。黄陂蕭延平校刻本。《四庫》著録。

小兒斑疹備急方一卷

宋董汲撰。康熙庚子陳世傑仿宋刻本。

衛生家寶産科備要八卷

宋朱瑞章撰。《十萬卷樓叢書》本。

傷寒補亡論二十卷

宋河南郭雍撰。宣統元年海豐吴重熹校印《豫醫雙璧》本。

小兒藥證直訣三卷閻氏附方一卷

宋錢乙撰，附方閻孝忠撰。康熙庚子陳世傑仿宋刻本。近人蕭延平校刻本。《惜陰軒叢書本》無閻氏附方。

宋徽宗聖濟經注十卷

宋吴禔注。《十萬卷樓叢書》本。

儒門事親十五卷

金考城張從正撰。海豐吴重熹校印《豫醫雙璧》本。

脉因證治二卷

元朱震亨撰。《翠琅玕館叢書》本。《四庫》存目，八卷。

丹溪心法附餘二十四卷

元朱震亨撰。明嘉靖十五年方廣刊本。《四庫》存目。

衛生寶鑑二十四卷補遺一卷

元羅天益撰。《惜陰軒叢書本》。

石山醫學七書二十四卷

明汪機撰。嘉靖辛卯機門人陳桷刻本。目列下：《素問鈔》三卷、《鍼灸問對》三卷、《運氣易覽》三卷、《痘證理辨》一卷、《外科理例》七卷附方一卷、《推求師意》二卷、《石山醫案》三卷、《附案》一卷。《四庫》著録。《運氣》、《痘證》二種入《存目》。

濟陰綱目十四卷

明武之望撰。明刻本。《四庫》存目。

女科二卷

清傅山撰。《海山仙館叢書》本。

産後編二卷

清傅山撰。《海山仙館叢書》本。

四診抉微八卷

清林之翰撰。雍正元年刻本。

産孕集二卷

清張曜孫撰。同治七年刻本。

一草亭眼科一卷

清鄧苑撰。《藝海珠塵》本。

藥證宜忌一卷

清陳澈撰。《述古叢鈔》本。

脉藥聯珠四卷古方考四卷

清龍栢撰。《翠琅玕館叢書》本。

寒温條辨六卷

清楊濬撰。光緒元年黎培敬黔陽刻本。

外科證治全生五卷

清王維德撰。道光乙巳瓶花書屋刻本。

右子部醫家類八十二種，八百二十八卷，重者不計。

崇雅堂書録卷之八終

崇雅堂書録卷之九

潛江甘鵬雲藥樵編

子部五

兵家類

握奇經一卷

舊題風后撰。《漢魏叢書》本。《藝海珠塵》本。武昌局本。《四庫》著録。

握奇經注一卷

清李光地撰。《榕村全書》本。

六韜六卷

舊題周呂望撰。《平津館叢書》本，附《佚文》一卷。《長恩書室叢書》本。武昌局本，三卷。《四庫》著録。

孫子一卷

周孫武撰。魏武帝注。嘉慶庚申平津館仿宋刻《兵書三種》本。《長恩書室叢書》本。武昌局本，三卷。《四庫》著録。

孫子十家注十三卷遺説一卷叙録一卷

宋吉天保編。清嘉慶二年孫氏岱南閣刻本。浙江書局重刻孫本。

孫子淺説一卷

近人劉邦驥撰。活字排印本。

吴子一卷

周吴起撰。平津館仿宋刻《兵書三種》本。《長恩書室叢書》本。武昌局本。《四庫》著録。

司馬法一卷

舊題司馬穰苴撰。平津館仿宋刻《兵書三種》本。《長恩書室叢書》本。《二酉堂叢書》本。《四庫》著録。

尉繚子二卷

舊題周尉繚撰。武昌局本。《四庫》著録五卷。

素書一卷

舊題黄石公撰，宋張商英注。《漢魏叢書》本。武昌局本。《四庫》著録。

心書一卷

蜀漢諸葛亮撰。武昌局本。《四庫》存目。僞書。

李衛公兵法三卷

唐李靖撰。清汪宗沂輯。袁昶刻《漸西村舍叢書》本。《四庫》著録，題《李衛公問對》。

梱外春秋二卷

唐李筌撰。宣統三年羅振玉影印唐卷子本。

虎鈐經二十卷

宋許洞撰。《粤雅堂叢書》本。《四庫》著録。

何博士備論一卷

宋何去非撰。《長恩書室叢書》本。《浦城遺書》本。武昌局本。《四庫》著録。

歷代兵制八卷

宋陳傅良撰。《守山閣叢書》本。

武編十卷

明唐順之撰。曼山館刊本。

陣紀四卷

明何良臣撰。《惜陰軒叢書本》。《長恩書室叢書》本。《四庫》著録。

登壇必究四十卷

明王鳴鶴撰。明萬曆二十六年刻本。有闕卷。多言占候。

紀效新書十八卷

明戚繼光撰。邵綬名刻本，無年月。道光癸卯許乃釗刻本。《四庫》著録。

練兵實紀九卷雜集六卷

明戚繼光撰。《守山閣叢書》本。道光癸卯許乃釗刻本。《四庫》著録。

救命書二卷

明吕坤撰。《呻吟語》附刻本。借月山房本。

草廬經略十二卷

明黄之瑞撰。《粤雅堂叢書》本，不著撰人名氏。現武昌舊家尚存黄氏稿本。有圖。

古今將略四卷

明馮孜撰。明萬曆十八年刻本。

兵跡十二卷

清魏禧撰。《豫章叢書》本。

讀史兵略四十六卷

清胡林翼纂。咸豐十一年武昌本。

武備輯要六卷續十卷

清許乃釗輯。《敏果齋七種》本。

乾坤大略十卷補遺一卷

清王餘佑撰。《畿輔叢書》本。

以上兵家類權謀之屬

東南防守利便三卷

宋吕祉撰。《藝海珠塵》本。

守城録四卷

宋陳規撰。《長恩書室叢書》本。《守山閣叢書》本。《四庫》著録。

讀史方輿紀要一百三十卷形勢紀要九卷

清顧祖禹撰。嘉慶十六年敷文閣刻本。

塞語一卷

明尹耕撰。《畿輔叢書》本。《四庫》存目。

車營百八叩一卷

明孫承宗撰。《畿輔叢書》本。

愼守要録九卷

清韓霖撰。《海山仙館叢書》本。

三省邊防備覽十四卷

清嚴如熤撰。嘉慶十二年刻本。

苗防備覽二十二卷

清嚴如熤撰。嘉慶二十五年刻本。

行軍測繪十卷

英國傅蘭雅譯，新陽趙元益筆述。吴刻《兵書五種》本。

長江礮台芻議二卷

清姚錫光撰。光緒丙申自刻本。湖北刻《質學叢書》本。

以上兵家類形勢之屬

神機制敵太白陰經十卷

唐李筌撰。《長恩書室叢書》本。《守山閣叢書》本。《四庫》著録。

九賢秘典一卷

宋不著撰人名氏。《琳瑯秘室叢書》本。

御風要術三卷

日耳曼金楷理譯，金匱華蘅芳筆述。吴刻《兵書五種》本。

以上兵家類陰陽之屬

角力記一卷

宋不著撰人名氏。《琳瑯秘室叢書》本。

洴澼百金方十四卷

清吴宫桂撰。乾隆戊申刻本。

火攻挈要三卷

明焦勖撰。《海山仙館叢書》本。

備邊屯田車銃議二卷

明趙士禎撰。《藝海珠塵》本。

金湯十二籌十二卷

明李盤撰。精抄本。《四庫》存目八卷。

克虜伯礮説四卷礮操法四卷表六卷

美國金楷理譯，崇明李鳳苞筆述。吴刻《兵書五種》本。

兵船礮法六卷

英國傅蘭雅譯，懷遠王德均筆述。江南製造局本。

水師操練十八卷附一卷

英國傅蘭雅譯，無錫徐建寅筆述。吴棠刻《兵書五種》本。

火器真訣一卷

清李善蘭譯述。同治丁卯自刻《則古昔齋叢書》本。

以上兵家類技巧之屬

右子部兵家類五十一種，五百四十六卷，重者不計。

子部六

道家類

太公金匱一卷

清洪頤煊輯。孫馮翼刻《經典集林》本。

陰符經注一卷

舊題張良注。《漢魏叢書》本。《四庫》著録。

陰符經注一卷

清李光地注。《榕村全書》本。《四庫》存目。

籀文老子一卷

江陵田潛寫刻本。

老子四卷

明嘉靖六年許宗魯刻《六子》無注本。

老子注二卷

舊題河上公注。明刻本。《四庫》著録。

老子注二卷

魏王弼注。明世德堂刻大字本。明朱東光刻《中都四子》本。《四庫》著録。

道德指歸論六卷

舊題漢嚴遵撰。《漢魏叢書》本。《四庫》著録。

老子解二卷

宋葉夢得撰。宣統辛亥葉德輝輯刻本。

道德真經集注釋文一卷

宋彭耜撰。璜川吴氏《經學叢書》附刻本。

道德真經集解四卷

金趙秉文撰。《小萬卷樓叢書》本。

道德寶章一卷

宋白玉蟾撰，即葛長庚。道光十八年宗室奕湘仿宋刻趙松雪書精刻本。《四庫》著録。

道德經注二卷

元董思靖撰。《十萬卷樓叢書》本。

道德真經注四卷

元吴澄注。《粤雅堂叢書》本。《四庫》著録。

老子集解二卷考異一卷

明薛蕙撰。《惜陰軒叢書》本。

老子衍一卷

清王夫之撰。《船山遺書》本。

老子説略二卷

清張爾岐撰。《四庫》著録。

老子章義二卷

清姚鼐撰。同治庚午桐城吴氏邗上刻本。

道德經考異二卷

清畢沅撰。《經訓堂叢書》本。

讀老札記二卷

清易順鼎撰。光緒甲申自刻本。

老子衍二卷

近人李哲明撰。漢陽李氏自然室刻本。

太上感應篇注二卷

清惠棟注。《粤雅堂叢書》本。

太上感應篇圖説一卷附録一卷

元陳堅撰。《武林往哲遺著》本。

關尹子一卷

舊題周尹喜撰。明緜眇閣本。武昌局本。《四庫》著録。

關尹子注二卷

宋陳顯微注。光緒元年曹耀湘刻本。

列子二卷

舊題周列禦寇撰。明許宗魯刻《六子》無注本。武昌局本。

列子一卷

明閔齊伋校刻無注朱墨本。

列子注八卷

晉張湛撰。明世德堂刻大字本。又小字本。《四庫簡目》稱湛注《列子》具有名理，可肩隨向、郭注《莊》。《四庫》著録。

列子釋文二卷考異一卷

唐殷敬順撰。任大椿攷異。乾隆五十二年燕禧堂刻本。

列子盧氏注八卷

唐盧重元撰。秦氏石研齋刻本。

莊子四卷

周莊周撰。明閔齊伋校刻無注朱墨本。

莊子注附釋文十卷

晉郭象注。明世德堂大字本。明朱東光刻《中都四子》本。浙江書局本。光緒乙酉湖南曹鏡初仿宋刻本。《四庫》著録。

莊子注二卷

晉司馬彪撰。嘉慶二年《問經堂叢書》本。道光十四年茆輯《十種佚書》本。

莊子注疏十卷

唐成元英疏。《古逸叢書》仿宋大字本。

莊子鬳齋口義十卷

宋林希逸撰，劉辰翁評。明天啟甲子閻啟祥刻本。詞旨明顯。《四庫》著録。

莊子三卷莊子闕誤一卷

明楊慎校注。武昌局本。

莊子解三十三卷莊子通一卷

清王夫之撰。《船山遺書》本。

莊屈合詁十二卷

清錢秉鐙撰。斟雉堂刻本。互見。

莊子章義五卷附録一卷

清姚鼐評點。光緒己卯徐宗亮刻本。

莊子人名考一卷

清俞樾撰。《春在堂叢書》本。

莊子集解二十卷

清郭慶藩撰。湖南思賢書局刻本。

莊子解故一卷齊物論釋一卷

近人章炳麟撰。《章氏叢書》本。

莊子集註五卷附釋詞一卷

近人阮毓崧撰。手稿影印本。

文子二卷

文子，老子弟子，其名氏不傳。《守山閣叢書》本。《四庫》著録。

通玄真經十二卷

唐徐靈府注。光緒癸未《鐵華館叢書》仿宋刻本。

文子纘義十二卷

宋杜道堅撰。杭州書局重刻聚珍版本。《四庫》著録。

文始真經言外經旨三卷

宋陳顯微撰。《守山閣叢書》本。

列仙傳二卷

舊題漢劉向撰。《琳琅秘室叢書》本。自赤松子以下凡七十一人。前人疑出魏晉間方士依託。《四庫》著録。

周易參同契通真義三卷

漢魏伯陽撰。《通真義》爲後蜀彭曉所注。《漢魏叢書》本。其書假借爻象論作丹之意。《四庫》著録。

古文周易參同契注八卷

清袁仁林撰。《惜陰軒叢書本》。

抱朴子八卷

晉葛洪撰。武昌局本。《四庫》著録。

抱朴子内篇二十一卷外篇五十卷佚文二卷校勘記二卷

晉葛洪撰。清嚴可均輯校。《平津館叢書》本。

抱朴金汋經三卷附養生論大丹問答別旨

晉葛洪撰。《平津館叢書》本，附刻《抱朴子》後。

神仙傳十卷

晉葛洪撰。《漢魏叢書》本。《四庫》著録。

枕中書一卷

舊題晉葛洪撰。《漢魏叢書》本。《四庫》存目。

冥通記四卷

梁陶弘景撰。《漢魏叢書》本。《四庫》存目，題梁周子良撰。

玄真子一卷

唐張志和撰。《知不足齋叢書》本。武昌局本。《四庫簡目》云其言略似《抱朴子外篇》。《四庫》著録。

續仙傳四卷

南唐沈汾撰。《琳琅秘室叢書》本。《四庫》著録。

黄帝本行記一卷

唐王瓘撰。《平津館叢書》本。

亢倉子一卷

舊題庚桑楚撰。武昌局本。《四庫簡目》定《亢倉子》爲唐王士元撰。士元作《孟浩然集序》，嘗自述其事，可證。《四庫》著録。

天隱子一卷

唐無撰人姓名。武昌局本。《四庫》著録。

無能子一卷

唐無撰人姓名。武昌局本。原本老莊，傅以佛理。《四庫》著録。

軒轅黄帝傳一卷

宋無撰人姓名。《平津館叢書》本。

廣成子解一卷

宋蘇軾撰。《藝海珠塵》本。

悟真篇注疏三卷附直指詳説一卷

宋翁葆光注，元戴起宗疏。元至正三年刻本。《四庫》著録。

疑仙傳三卷

舊題玉簡隱夫撰。《琳琅秘室叢書》本。

至游子二卷

明姚汝循傳録。《藝海珠塵》本。武昌局本。《四庫》存目。

胎息經一卷

明王文禄注。武昌局本。

右子部道家類六十九種，三百五十九卷，重者不計。

子部七

釋家類

籀書金剛經一卷

江陵田潛篆。自刻本。

蓮社高僧傳一卷

晉人撰。《漢魏叢書》本。

高僧傳十三卷序録一卷

梁釋慧皎撰。《海山仙館叢書》本。

弘明集十四卷

梁僧祐撰。明萬曆丙戌汪道昆刻黑口本。《四庫》著録。

廣弘明集三十卷

唐釋道宣撰。明萬曆庚戌吴勉學刻本。《四庫》著録。

華嚴經音義二卷

唐釋慧苑撰。清臧鏞堂校。嘉慶四年刻本。

一切經音義二十五卷

唐釋元應撰。《海山仙館叢書》本。莊炘、錢坫、孫星衍同校，乾隆五十一年刻本，葉奂彬舊藏。

一切經音義一百卷

唐釋慧琳撰。日本元文二年刻本。

開元釋教録二十卷

唐釋智昇撰。《釋藏》本。《四庫》著録。

續高僧傳三十一卷

唐釋道宣撰。雍正十三年刻本。

大唐西域記十二卷

唐釋玄奘撰。《守山閣叢書》本。

宋高僧傳三十卷

宋釋贊寧撰。雍正十三年刻本。《四庫》著録。

武林高僧事略一卷續一卷

宋釋元敬撰，明釋袾宏續。《武林掌故叢編》本。《四庫》存目。

五鐙會元二十卷

宋釋慧明撰。明嘉靖刻本。貴池劉氏玉海堂影刻宋寶祐本。又葉德輝刻本。《四庫提要》題宋僧曾濟撰，誤。

翻譯名義集二十卷

宋釋法雲編。支那本。

廬山蓮社復教集二卷

元釋果滿編。周叔弢景元皇慶槧本。

逸樓論禪一卷

清李中黄撰。康熙原刻《逸樓四論》本。

虎禪師論佛雜文三卷

近人楊度撰。自刻本。

右子部釋家類十八種，三百二十八卷，重者不計。

子部八

天文算法類

黄帝龍首經二卷

清孫星衍從華陰《道藏》録出。《平津館叢書》本。

開元占經一百二十卷

唐瞿曇志達撰。長沙恒德堂刻本。《四庫》著録。談占候。

天文乙巳占十卷

唐李淳風撰。《十萬卷樓叢書》本。

甘石星經二卷

漢甘公、石申撰。《漢魏叢書》本。汲古閣刻本。《四庫》存目。

步天歌七卷

未詳撰人，或曰唐王希明撰。《四庫》存目。

新儀象法要三卷

宋蘇頌撰。《守山閣叢書》本。《四庫》著録。

六經天文編二卷

宋王應麟撰。《玉海》附刻本。

聖壽萬年歷八卷律歷融通四卷

明朱載堉撰。鄭府自刻《樂律全書》附刻本。《四庫》著録。

表度説一卷

明西洋熊三拔撰。《天學初函》本。《四庫》著録。

簡平儀説一卷

明西洋熊三拔撰。《天學初函》本。《守山閣叢書》本。《四庫》著録。

天文略一卷

明西洋陽瑪諾撰。《天學初函》本。《藝海珠塵》本。《四庫》著録。

經天該一卷

明西洋利瑪竇撰。《藝海珠塵》本。

遠鏡説一卷

明西洋湯若望撰。《藝海珠塵》本。

中星表一卷

清徐朝俊撰。《藝海珠塵》本。

高厚蒙求九卷

清徐朝俊撰。嘉慶道光間刻本。

古今律歷攷七十二卷
明邢雲路撰。《畿輔叢書》本。

渾蓋通憲圖説二卷
明李之藻撰。《天學初函》本。《守山閣叢書》本。《四庫》著録。

歷象考成上編十六卷下編十卷後編十卷表十六卷
康熙十三年敕撰。内府刻本。《四庫》著録。

風角書八卷
清張爾岐撰。湖北書局刻《巾箱叢書》本。

歷算全書六十卷
清梅文鼎撰。魏荔彤兼濟堂刊本。《四庫》著録。

二儀銘補注一卷

清梅文鼎撰。《藝海珠塵》本。

梅氏叢書六十六卷

清梅文鼎撰。梅瑴成重訂刻本，此本精。《四庫》存目。

歷學答問一卷

清梅文鼎撰。《藝海珠塵》本。

歷學疑問補一卷

清梅文鼎撰。《藝海珠塵》本。

翼梅八卷

清江永撰。《海山仙館叢書》本〔一〕。《四庫》著録作《算學八卷》。

〔一〕「仙」，原作「山」，當作「仙」。

原象一卷

清戴震撰。《戴氏遺書》本。〔一〕

續天文略二卷

清戴震撰。《戴氏遺書》本。

歷象本要一卷

清李光地撰。《榕村全書》本。

儀象考成三十二卷

乾隆九年敕撰。内府刻本。《四庫》著録。

儀象考成續編三十二卷

道光二十五年欽天監官撰。官刊本。

〔一〕「遺」，原作「書」，當作「遺」。

恒星赤道經緯圖八幅

清李兆洛撰。咸豐元年六嚴刻本。

顓頊歷術一卷夏殷歷章蔀合表一卷周初年月日歲星考一卷漢初年月日表一卷

清姚文田撰。《邃雅堂學古録》本。

觀象授時十四卷

清秦蕙田撰。阮刻《經解》本。又載《五禮通考》。

五星行度解一卷

清王錫闡撰。《守山閣叢書》本。

經書算學天文考一卷

清陳懋齡撰。阮刻《經解》本。

經星彙考一卷步天歌一卷

不著撰人名氏。同治壬申刻本。

新測中星圖表一卷

清張作楠撰。道光癸未刻本。

談天十八卷

西洋偉烈亞力譯，清李善蘭删定。《則古昔齋叢書》本。江南製造局本。

天文揭要二卷

美國赫士譯，清周文源筆述。光緒二十二年上海美華書館印本。

六歷通考一卷九軌歷解一卷回回歷解一卷

清顧觀光撰。《武陵山人遺著》本。

天步真原一卷

清薛鳳祚撰。《守山閣叢書》本。《四庫》著録。

顓頊歷考二卷

清鄒漢勛撰。光緒癸未家刻本。

天文圖説四卷

美國摩嘉立譯。光緒九年益智會刻本。

測天約述一卷

清陳昌齊撰。《嶺南遺書》本。

太初曆考一卷

清成蓉鏡撰。《南菁書院叢書》本。

咸豐元年中星表一卷

清馮桂芬撰。咸豐六年自刻本。

七十二候考一卷

清俞樾撰。《春在堂全書》本。

以上天文算法類天文曆象之屬

周髀算經二卷音義一卷

漢趙君卿注，北周甄鸞述，唐李淳風釋，宋李籍音義。《津逮秘書》本。《漢魏叢書》本。

武英殿聚珍板本。戴震校《算經十書》本。《四庫》著録。

九章算術九卷

漢人撰，晉劉徽注，唐李淳風釋，清戴震補圖。武英殿聚珍板本。戴校《算經十書》本。

《四庫》著録。

海島算經一卷

晉劉徽撰。唐李淳風注。武英殿聚珍板本。微波榭刊本。《四庫》著録。

孫子算經三卷

漢人撰。北周甄鸞注，唐李淳風釋。《知不足齋叢書》本。微波榭本。《四庫》著録。

五曹算經五卷

六朝人撰，北周甄鸞注。《知不足齋叢書》本。微波榭本。《四庫》著録。

夏侯陽算經三卷

六朝人撰。武英殿聚珍板本。微波榭本。《四庫》著録。

張丘建算經三卷

北周甄鸞注，唐李淳風釋，劉孝孫細草。《知不足齋叢書》本。微波榭本。《四庫》著録。

五經算術二卷

北周甄鸞撰，唐李淳風注。武英殿聚珍板本。微波榭本。

緝古算經一卷

唐王孝通撰并注。《知不足齋叢書》本。《函海》本。微波榭本。《四庫》著録。

數術記遺一卷

舊題漢徐岳撰。北周甄鸞注。《槐廬叢書》本。微波榭本。《四庫》著録。以上十書均戴震校。

九章算術細草圖説九卷

清李潢撰，沈欽裴校。嘉慶庚辰鍾祥李氏家刻本。程矞采刻本。

海島算經細草圖説一卷

清李潢撰。李氏家刻本。廣州刻本。

緝古算經考注二卷

清李潢撰。道光壬辰程矞采廣州刻本。

數書九章十八卷附札記四卷

宋秦九韶撰。《宜稼堂叢書》本。《四庫》著録。

楊輝算法六種七卷

宋楊輝撰。宋景昌校。《宜稼堂叢書》本。目列後：《詳解九章算法》一卷、《田畝乘除捷法》二卷、《算法通變本末》一卷、《乘除通變算寶》一卷、《算法取用本末》一卷、《續古摘奇算法》一卷。

測圓海鏡細草十二卷

元李冶撰，清李鋭校。《知不足齋叢書》本。《四庫》著録。

益古演段三卷

元李冶撰。《知不足齋叢書》本。《四庫》著録。

丁巨算法一卷

元丁巨撰。《知不足齋叢書》本。

算學啓蒙三卷附識誤一卷

元朱世傑撰，清羅士琳校。《觀我生室彙稿》本。江南製造局本。

四元玉鑑細草二十四卷

元朱世傑撰。羅士琳草。《觀我生室彙稿》本。長沙荷池精舍刻本。

弧矢算術細草一卷

明顧應祥撰，清李鋭細草。《知不足齋叢書》本。《四庫》著録。

透簾細草一卷

不著撰人名氏。《知不足齋叢書》本。

算法統宗十七卷

明程大位撰。《四庫》存目。明刻本。

緝古算經細草三卷

清張敦仁撰。《知不足齋叢書》本。荷池精舍本。

求一算術三卷

清張敦仁撰。《知不足齋叢書》本。荷池精舍本。

開方補記六卷

清張敦仁撰。道光十四年自刻本。

三統術衍三卷鈐一卷

清錢大昕撰。《潛揅堂全集》本。

句股六術一卷

清項名達撰。道光壬辰刻本。

筆算便覽一卷

清紀大奎撰。《紀慎齋全集》本。

增删算法統宗十一卷

清梅穀成撰。江南製造局本。

九數通考十三卷
清屈曾發撰。乾隆癸巳刻本。同治十年廣州學海堂刻本。同治壬申屈承幹刻本。

少廣正負術内外篇六卷
清孔廣森撰。《顨軒所著書》本。

橢圜術一卷
清項名達撰。《連筠簃叢書》本。

平三角和較術二卷弧三角和較術二卷
清項名達撰。道光癸卯自刻本。

三統術補衍一卷
清成蓉鏡撰。《南菁書院叢書》本。

弧三角平視法一卷三統術詳説三卷

清陳澧撰。陳氏東塾刻本。

三角公式輯要二卷

清湯金鑄撰。光緒庚子兩湖書院正學堂刻本。以上中法

幾何原本六卷

明徐光啟譯。《海山仙館叢書》本。《天學初函》本。《四庫》著録。

同文算指前編二卷通編八卷

明李之藻譯。《海山仙館叢書》本。

圜容較義一卷

明李之藻撰。《海山仙館叢書》本。《守山閣叢書》本。《天學初函》本。《四庫》著録。

測量法義一卷

明徐光啟撰。《海山仙館叢書》本。

句股義一卷

明徐光啟撰。《海山仙館叢書》本。

測量異同一卷

明徐光啟撰。《海山仙館叢書》本。

格物測算八卷

美國丁韙良撰。光緒癸未刻本。

增廣新術二卷

清羅士琳撰。《積學齋叢書》本。

新譯幾何原本十三卷續補二卷

清李善蘭譯。同治四年上海刻本。江夏董氏刻本，十五卷。

代數備旨十四卷

美國文狄考譯。蓬萊鄒立文筆述。光緒十七年石印本。

代微積拾級十八卷

清李善蘭譯。《則古昔齋叢書》本。

曲線説一卷

清李善蘭譯。《則古昔齋叢書》本。

數學啓蒙一卷

泰西偉烈亞力撰。上海活字印本。

句股演代二卷

清江衡撰。《南菁書院叢書》本。

幾何第十卷釋誼二卷

清黄慶澄撰。光緒戊戌自刻本。

對數詳解五卷

清丁取忠述。荷池精舍刻本。

割圜綴術四卷

清徐有壬撰，吴嘉善述草。荷池精舍刻本。

圜率考真圖解一卷

清曾紀鴻述。荷池精舍刻本。

數學拾遺一卷

清丁取忠述。荷池精舍刻本。

以上西法

數理精藴上編五卷下編四十卷表八卷

康熙十三年御撰。光緒八年江甯藩署刻本。

曉庵新法六卷

清王錫闡撰。《翠琅玕館叢書》本。《守山閣叢書》本。《四庫》著録。

勿庵歷算書目一卷

清梅文鼎撰。《知不足齋叢書》本。

勿庵歷算全書七十四卷

清梅文鼎撰。雍正癸卯魏荔彤刻本。凡二十九種。

江慎修算學八卷續一卷

清江永撰。《海山仙館叢書》本。《守山閣叢書》本。凡九種。

推步法解五卷

清江永撰。《守山閣叢書》本。

董方立遺書七卷

清董祐誠撰。江南製造局刻本。凡五種。

里堂學算記十六卷

清焦循撰。《焦氏叢書》本。凡五種。

觀我生室彙稿二十四卷

清羅士琳撰。阮元刻本。

句股截積算術二卷

清羅士琳撰。《連筠簃叢書》本。

務民義齋算學十一卷

清徐有壬撰。《咫進齋叢書》本。凡七種。

則古昔齋算學二十四卷

清李善蘭撰。同治丁卯自刻本。

鏡鏡鈴癡五卷

清鄭復光撰。《連筠簃叢書》本。

對數簡法一卷續一卷

清戴煦撰。《小萬卷樓叢書》本。

求表捷術九卷

清戴煦撰。《粤雅堂叢書》本。

算賸一卷續一卷餘稿一卷九數外録一卷

清顧觀光撰。《武陵山人遺著》本。

割圜術輯要一卷三角法公式一覽表一卷

清盧靖撰。沔陽盧氏自刻本。

萬象一元演式一卷

清盧靖撰。光緒壬寅沔陽盧氏自刻本。

平立方根表一卷

清湯金鑄撰。光緒己亥兩湖書院正學堂刻本。

開方用表簡術一卷

清程之驥撰。《南菁書院叢書》本。

學算筆談十二卷

清華蘅芳撰。光緒乙酉金匱華氏刻本〔一〕。

算草叢存八卷

清華衡芳撰。光緒癸巳金匱華氏行素軒刻本。

以上中西通法

〔一〕「乙」，原作「巳」，當作「乙」。

以上天文算法類算術之屬

右子部天文算法類一百二十五種，一千一百四十二卷，一種無卷數，重者不計。

子部九

術數類

太玄經十卷

漢揚雄撰，晉范望注。明萬玉堂仿宋刻本。武昌局本。《四庫》著録。

説玄一卷

唐王涯撰。明萬玉堂刻《太玄經》附刻本。

太玄經集注十卷

宋司馬光撰，後四卷許翰注。嘉慶庚午吴門陶氏五柳居刻本。

太玄釋音一卷

宋林瑀撰。明萬玉堂刻《太玄經》附刻本。

太玄解一卷

明焦袁熹撰。《藝海珠塵》本。

元包五卷元包數總義二卷

後周衛元嵩撰，唐蘇源明傳，李江注，宋韋漢卿釋音，總義張行成補。《津逮秘書》本。

原書十卷，闕下五卷。《學津討源》本。《四庫》著録。

五行大義五卷

隋蕭吉撰。《知不足齋叢書》本。日本《佚存叢書》本。《常州先哲遺書》本。

潛虚一卷

宋司馬光撰。《知不足齋叢書》本。《四庫》著録。

潛虚發微論一卷

宋張敦實撰。《知不足齋叢書》本。《四庫》著録。

潛虚解一卷

清焦袁熹撰。《藝海珠塵》本。

潛虚述義一卷

清蘇天木撰。《嶺南遺書》本。

皇極經世十二卷

宋邵雍撰。《邵子全書》本。《四庫》著録。

易學二卷

宋王湜撰。《通志堂經解》本。《四庫》著録。

易象圖説内篇三卷外篇三卷

元張理撰。《通志堂經解》本。《四庫》著録。

三易洞璣十六卷

明黄道周撰。康熙癸酉鄭刻《石齋九種》本。《四庫》著録。

河洛精藴九卷

清江永撰。乾隆甲午刻本。

以上術數類數學之屬

三歷撮要一卷

宋徐應龍撰。《十萬卷樓叢書》本。《隨庵叢書》仿宋刻本。選擇家言以此書爲最古。

萬年書十二卷

康熙二十二年勅編。内府刻本。

星歷考原六卷

康熙五十二年李光地等奉敕撰。内府刻本。《四庫》著録。

協紀辨方書三十六卷

乾隆四年允禄等奉敕撰。内府刻本。《四庫》著録。

選擇須知二卷

清倪榮桂撰。嘉慶八年刻本。

諏吉述正二十五卷

清張祖同撰。湖南思賢書局刻本。

以上術數類陰陽五行之屬

靈棋經二卷

舊本題漢東方朔撰。《珠叢别録》本。《長恩書室叢書》本。《四庫》著録。

易林十六卷

漢焦延壽撰。《津逮秘書》本。《漢魏叢書》本。湖北局刻本。《士禮居叢書》校宋刻本。《四庫》著録。

易林釋文二卷
清丁晏撰。《南菁書院叢書》本。廣雅書局本。

師曠占一卷
清洪頤煊輯。《經典集林》本。

殘本卜筮書一卷
不著撰人名氏。上虞羅氏《吉石庵叢書》影印唐初寫本。

龜經一卷
不著撰人名氏。《藝海珠塵》本。

六壬大全十二卷

不著撰人名氏。明郭載騋刊本。《四庫》著録。

卜法詳考四卷

清胡煦撰。乾隆三十八年胡氏刻本，附《周易函書》後。

夢占逸旨八卷

明陳士元撰。《歸雲别集》本。《藝海珠塵》本。《湖北叢書》本。

字觸六卷

清周亮工撰。《粤雅堂叢書》本。

夢書一卷

女士王圓照輯。《郝氏遺書》附刻本。

五行占一卷

清俞樾撰。《春在堂全書》本。

以上術數類占卜之屬

宅經二卷

舊本題黄帝撰。《津逮秘書》本。湖北局本。《四庫》著録。

葬經内篇一卷

晉郭璞撰。《津逮秘書》本。湖北局本。《四庫》著録。

葬書集注九卷

元鄭謐撰。《十萬卷樓叢書》本。《琳瑯秘室叢書》本。

青囊奥語一卷青囊序一卷

舊本題唐楊筠松撰。葉泰注。《地理大全》本。《四庫》著録。

撼龍經一卷疑龍經一卷葬法倒杖一卷

舊本唐楊筠松撰。葉泰注。《地理大全》本。《四庫》著録。

龍經三卷統説一卷

唐楊筠松撰。湖北書局刻《巾箱叢書》本。

天玉經内傳三卷外編一卷

舊本題唐楊筠松撰。《地理大全》本。《四庫》著録。

靈城精義二卷

舊題南唐何溥撰。明劉基注，葉泰補注。《地理大全》本。《四庫》著録。

催官篇二卷

舊本題宋賴文俊撰。葉泰注。《地理大全》本。《四庫》著録。

山水忠肝集摘要一卷

明蕭克撰。《知不足齋叢書》本。

地理大全一集三十卷二集二十五卷

明李國木撰。《四庫》存目。

陽宅闢謬一卷

梅漪老人撰。《咫進齋叢書》本。

風水袪惑一卷

清丁芮樸撰。《月河精舍叢鈔》本。

堪輿一覽六卷

清孫稚玉撰。道光三年刻本。

地理古鏡歌一卷

清蔣大鴻撰。《藝海珠塵》本。

月波洞中記二卷

舊本題老子撰。《述古叢鈔》本。《四庫》著録。

玉管照神局三卷

南唐宋齊丘撰。《述古叢鈔》本。《十萬卷樓叢書》本。《四庫》著録。

太清神鑑六卷

舊題後周王朴撰。《粤雅堂叢書》本。《守山閣叢書》本。《四庫》著録。

人倫大統賦二卷

金張行簡撰。《十萬卷樓叢書》本。《四庫》著録。

太乙照神經三卷

清劉學誠撰。《述古叢鈔》本。

神相證驗百條二卷

清劉學誠撰。《述古叢鈔》本。

以上術數類形法之屬

李虚中命書三卷

舊本題鬼谷子撰。《守山閣叢書》本。《四庫》著録。

徐氏珞琭子賦注二卷

宋徐子平撰。《守山閣叢書》本。《四庫》著録。

珞琭子三命消息賦注二卷

宋釋曇瑩撰。《守山閣叢書》本。《四庫》著録。

三命指迷賦一卷

舊題宋岳珂補注。《讀畫齋叢書》本。《四庫》著録。

天步真原三卷

明泰西穆尼閣撰。《守山閣叢書》本。按,此書與天文類所列之《天步真原》同出一人,而書不同。此書專言禄命。

星學大成十卷

明萬民英撰。明刻本。《四庫》著録。

乾元秘旨二卷

清舒繼英撰。《讀畫齋叢書》本。

禄命要覽四卷

清倪榮桂撰。嘉慶八年自刻本。

春樹齋叢説一卷

清温葆深撰。光緒丙子自刻本。

以上術數類星命之屬

右子部術數類六十四種，三百九十一卷，重者不計。

子部十

藝術類

四體書勢一卷

晉衛恆撰。《説郛》本。《玉函山房叢書》本。

筆陣圖一卷

晉衛夫人撰。《説郛》本。

書品一卷

梁庾肩吾撰。《説郛》本。《漢魏叢書》本。《寶顔堂秘笈》本。《四庫》著録。

五十六書法一卷

唐韋續撰。《篆學瑣著》本。

墨藪一卷

唐韋續撰。《唐宋叢書》本。《十萬卷樓叢書》本。

論篆一卷

唐李陽冰撰。《篆學瑣著》本。

書譜一卷

唐孫過庭撰。《百川學海》本。《四庫》著録。

書斷四卷

唐張懷瓘撰。《百川學海》本。《四庫》著録。

法書要録十卷

唐張彦遠撰。《津逮秘書》本。

墨池編二十卷

宋朱長文撰。雍正癸丑朱文勵精刻本。《四庫》著録六卷。

廣川書跋十卷

宋董逌撰。《津逮秘書》本。《四庫》著録。

書史一卷寶章待訪録一卷海岳名言一卷

宋米芾撰。《百川學海》本。《四庫》著録。

宣和書譜二十卷

不著撰人名氏。《津逮秘書》本。《四庫》著録。

翰墨志一卷

宋高宗撰。《百川學海》本。《四庫》著録。

續書譜一卷

宋姜夔撰。《百川學海》本。《四庫》著録。

寶真齋法書贊二十八卷

宋岳珂撰。重刻聚珍板本。《四庫》著録。

書小史十卷

宋陳思撰。《武林往哲遺著》本。《四庫》著録。

書苑菁華二十卷

宋陳思撰。《述古叢鈔》本。《四庫》著録。

皇宋書録三卷外篇一卷

宋董史撰。《知不足齋叢書》本。《四庫》著録。

負暄野録一卷

宋陳槱撰。《知不足齋叢書》本。

衍極二卷

元鄭杓撰。《十萬卷樓叢書》本。《四庫》著録。

法書攷八卷

元盛熙明撰。《楝亭十二種》本。《四庫》著録。

書史會要九卷補遺一卷續編一卷

元陶宗儀撰，明朱謀垔續。明崇禎庚午朱謀垔刻本。《四庫》著録。

升庵書品一卷墨池瑣録二卷

明楊慎撰。《函海》本。

書法離鉤十卷

明潘之淙撰。《惜陰軒叢書本》。《四庫》著録。

學童書録一卷

明豐坊撰。《碧琳瑯館叢書》本。

玉臺書史一卷

清厲鶚撰。《述古叢鈔》本。

書學捷要二卷

清朱履貞撰。《知不足齋叢書》本。

頻羅庵論書一卷

清梁同書撰。《榆園叢書》本。

論書隨筆一卷

清吴德旋撰。《别下齋叢書》本。

諸家藏書簿十卷

清李調元撰。《函海》本。

蘇齋唐碑選一卷

清翁方綱撰。《咫進齋叢書》本。

安吴論書一卷

清包世臣撰。《咫進齋叢書》本。

藝舟雙楫六卷

清包世臣撰。《翠琅玕館叢書》本。《安吴四種》本。

顔書編年録四卷

清黄本驥撰。《翠琅玕館叢書》本。

廣藝舟雙楫六卷

近人康祖貽撰。聚珍板排印本。

以上書

古畫品録一卷

南齊謝赫撰。《津逮秘書》本。《四庫》著録。

續畫品一卷

陳姚最撰。《津逮秘書》本。《四庫》著録。

續畫品録一卷

唐李嗣真撰。《津逮秘書》本。《四庫》存目。

貞觀公私畫史一卷

唐裴孝源撰。《唐宋叢書》本。《四庫》著録。

歷代名畫記十卷

唐張彦遠撰。《津逮秘書》本。《四庫》著録。

後畫録一卷

唐釋彦悰撰。《津逮秘書》本。《四庫》存目。

圖畫見聞志六卷
宋郭若虚撰。《津逮秘書》本。《學津討源》本。《四庫》著録。

畫繼十卷
宋鄧椿撰。《津逮秘書》本。《四庫》著録。

益州名畫録三卷
宋黄休復撰。《唐宋叢書》本。《函海》本。讀畫齋刻本。《四庫》著録。

畫史一卷
宋米芾撰。《津逮秘書》本。《四庫》著録。

宣和畫譜二十卷
不著撰人名氏。《津逮秘書》本。《唐宋叢書》本。《四庫》著録。

廣川畫跋六卷

宋董逌撰。《十萬卷樓叢書》本。《述古叢鈔》本。《四庫》著録。

廣川畫跋校勘記六卷

清劉晚榮撰。《述古叢鈔》本。

梅花喜神譜二卷

宋宋伯仁撰。《知不足齋叢書》本。

畫鑒一卷畫論一卷

元湯垕撰。《説郛》本。《四庫》著録。

竹譜詳録七卷

元李衎撰。《知不足齋叢書》本。《四庫》著録十卷，存目一卷。

圖繪寶鑑五卷

元夏文彦撰。《津逮秘書》本。《四庫》著録有《續編》一卷。

六如畫譜三卷

明唐寅撰。《惜陰軒叢書本》。

升庵畫品一卷名畫神品目一卷

明楊慎撰。《函海》本。

中麓畫品一卷

明李開先撰。《函海》本。《四庫》存目。

畫訣一卷

明龔賢撰。《知不足齋叢書》本。《翠琅玕館叢書》本。

畫史會要五卷

明朱謀垔撰。明崇禎辛未自刻本。《四庫》著録。

寶繪録二十卷

明張泰階撰。金匱書屋刻本。《四庫》存目。

竹懶畫媵一卷續一卷

明李日華撰。明刻《竹懶説部》本。《四庫》存目。

無聲詩史七卷

明姜紹書撰。《述古叢鈔》本。康熙五十九年嘉興李光暎刻本。《四庫》存目。

讀畫録四卷

清周亮工撰。《海山仙館叢書》本。《讀畫齋叢書》本。《四庫》著録。

苦瓜和尚畫語録一卷

清釋道濟撰。《知不足齋叢書》本。《翠琅玕館叢書》本。

南田題畫四卷

清惲格撰。《翠琅玕館叢書》本。《甌香館集》本。

南宋院畫録八卷

清厲鶚撰。《武林掌故叢編》本。《四庫》著録。

明畫録八卷

清徐沁撰。《讀畫齋叢書》本。

畫筌一卷

清笪重光撰。《知不足齋叢書》本。

雨窗漫筆一卷

清王原祁撰。《翠琅玕館叢書》本。

墨井題跋一卷

清吴歷撰。《小石山房叢書》本。

海虞畫苑一卷補遺一卷

清魚翼撰。《小石山房叢書》本。

石村畫訣一卷

清孔衍栻撰。《翠琅玕館叢書》本。

小山畫譜二卷

清鄒一桂撰。《粤雅堂叢書》本。《翠琅玕館叢書》本。《四庫》著録。

東莊論畫一卷

清王昱撰。《翠琅玕館叢書》本。

芥子園畫傳五卷

清王安節撰。康熙原刻本。

畫徵録三卷續二卷

清張庚撰。乾隆四年刻本。《四庫》存目。

圖畫精意識一卷

清張庚撰。《槐廬叢書》本。

浦山論畫一卷

清張庚撰。《翠琅玕館叢書》本。

冬心畫竹題記一卷

清金農撰。《小石山房叢書》本。

冬心題畫四卷

清金農撰。《翠琅玕館叢書》本。

墨香居畫識八卷

清馮金伯撰。乾隆甲寅刻本。

畫史彙傳七十二卷附録二卷

清彭藴璨撰。

宋元以來畫人姓氏録三十卷

清魯駿撰。道光十年刻本。

玉臺畫史五卷别録一卷

清女士湯淑玉撰。道光丁卯汪氏振綺堂刻本。《述古叢鈔》本。

論畫絶句一卷

清吴修撰。道光甲申刻本。

墨林今話十八卷續一卷

清蔣寶齡撰。《續》，蔣茝生撰。同治十年家刻本。

畫筌析覽一卷

清湯貽汾撰。《述古叢鈔》本。

山静居論畫二卷

清方薰撰。《知不足齋叢書》本。

板橋題畫一卷

清鄭燮撰。《板橋集》本。《翠琅玕館叢書》本。

二十四畫品一卷

清黄鉞撰。《翠琅玕館叢書》本。

寫竹題記一卷

清蔣和撰。《翠琅玕館叢書》本。

山南論畫一卷

清王學浩撰。《翠琅玕館叢書》本。

繪事津梁一卷

清秦祖永撰。《翠琅玕館叢書》本。

桐陰論畫三卷

清秦祖永撰。同治三年家刻本。

賜硯齋題畫一卷

清戴熙撰。《春暉堂叢書》本。

習苦齋畫絮十卷

清戴熙撰。光緒十九年惠年編刻本。

畫梅題記一卷

清朱方藹撰。《知不足齋叢書》本。

松壺畫憶二卷松壺畫贅二卷

清錢杜撰。《榆園叢刻》本。

懷古田舍梅統十二卷

清徐榮撰。同治甲子自刻本。

趙季梅畫友詩一卷

清趙彦修撰。《靈鶼閣叢書》本。

以上畫

寓意編一卷

明都穆撰。《一瓻筆存》本。《四庫》著録。

鐵網珊瑚十六卷

舊題明朱存理撰。刻本，無年月。《四庫》著録。

書畫跋跋三卷續三卷

明孫鑛撰。乾隆庚申刻本。《四庫》著録。

清河書畫舫十二卷

明張丑撰。池北草堂刻本。《四庫》著録。

書畫見聞表一卷清河書畫表一卷南陽書畫表二卷

明張丑撰。《述古叢鈔》本。知不足齋别刻本。《四庫》著録。

郁氏書畫題跋記十二卷

明郁逢慶撰。風雨樓活字版本。《四庫》著録。

鈐山堂書畫記一卷

明文嘉撰。《知不足齋叢書》本，附《天水氷山録》後。

書畫史一卷

明陳繼儒撰。《寶顔堂秘笈》本。《四庫》存目。

董華亭書畫録一卷

青浮山人撰。《靈鶼閣叢書》本。

佩文齋書畫譜一百卷

康熙四十四年孫岳頒等奉勅撰。内府刻本。《四庫》著録。

庚子銷夏記八卷

清孫承澤撰。葛氏《學古齋叢書》本。《四庫》著録。

庚子銷夏記校文一卷

清何焯撰。《古學彙刊》本。

江村消夏録三卷

清高士奇撰。康熙癸酉自刻本。《四庫》著録。

墨緣彙觀録四卷

松泉老人撰。《粤雅堂叢書》本。

好古堂書畫記二卷

清姚際恆撰。《讀畫齋叢書》本。

寓意録四卷

清繆曰藻撰。《春暉堂叢書》本。

書畫説鈴一卷

清陸時化撰。《榆園叢刻》本。

石渠隨筆八卷

清阮元撰。《粤雅堂叢書》本。

西清劄記四卷

清胡敬撰。崇雅堂刻本。

別下齋書畫録七卷

清蔣光煦撰。江氏活字板本。

穰梨館過眼録四十卷續録十六卷

清陸心源撰。《潛園叢書》本。

一角編二卷賞延素心録一卷

清周二學撰。《松鄰叢書》本。

玉雨堂書畫記四卷

清韓泰華撰。《松鄰叢書》本。

以上藝術類書畫之屬

東觀餘論二卷

宋黄伯思撰。《津逮秘書》本。邵武徐氏刻本。《四庫》著録，入雜家。

法帖刊誤二卷

宋黄伯思撰。《百川學海》本。

法帖釋文十卷

宋劉次莊撰。《百川學海》本。

絳帖平六卷

宋姜夔撰。武英殿聚珍板本。

石刻鋪敘二卷

宋曾宏父撰。《知不足齋叢書》本。《貸園叢書》本。

法帖譜系二卷

宋曹士冕撰。《百川學海》本。

蘭亭考十二卷

宋桑世昌撰。《知不足齋叢書》本。

蘭亭續考二卷

宋曾宏父撰。《知不足齋叢書》本。

砥齋題跋一卷

明王弘撰。《小石山房叢書》本。《涉聞梓舊》本。

閒者軒帖攷一卷

清孫承澤撰。《知不足齋叢書》本。《榆園叢刻》本。

鐵函齋書跋六卷

清楊賓撰。《涉聞梓舊》本。

湛園題跋一卷

清姜宸英撰。《小石山房叢書》本。《涉聞梓舊》本。

義門題跋一卷

清何焯撰。《小石山房叢書》本。《涉聞梓舊》本。

虚舟題跋十卷補原三卷

清王澍撰。光緒甲申山陰宋澤元刻本。

竹雲題跋四卷

清王澍撰。《海山仙館叢書》本。光緒甲申山陰宋氏懺花盦刻本。

淳化閣帖考正十二卷

清王澍詳定。雍正庚戌自刻本。

隱绿軒題識一卷

清陳奕禧撰。《小石山房叢書》本。《涉聞梓舊》本。

校正淳化閣帖釋文十卷

乾隆三十四年敕撰。武英殿聚珍板本。吴省蘭刻本。

鳳墅殘帖釋文二卷

清錢大昕撰。《貸園叢書》本。

鳳墅法帖釋文六卷

清姚晏撰。《咫進齋叢書》本。

半氈齋題跋二卷

清江藩撰。《功順堂叢書》本。

蘇齋題跋二卷

清翁方綱撰。《涉聞梓舊》本。

蘇米齋蘭亭考八卷

清翁方綱撰。《粵雅堂叢書》本。

法帖題跋三卷

清姚鼐撰。《惜抱軒全集》本。

芳堅館題跋四卷

清郭尚先撰。《述古叢鈔》本。

以上藝術類法帖之屬

文房四譜五卷

宋蘇易簡撰。《十萬卷樓叢書》本。《四庫》著録。

歙州硯譜一卷

宋唐積撰。《百川學海》本。《四庫》著録。

硯史一卷

宋米芾撰。《百川學海》本。《四庫》著録。

硯譜一卷

宋不著撰人名氏。《百川學海》本。《四庫》著録。

硯箋四卷

宋高似孫撰。《楝亭十二種》本。《四庫》著録。

墨經一卷

宋晁説之撰。《津逮秘書》本。《楝亭十二種本》。《四庫》著録。

墨記一卷

宋何薳撰。《説郛》本。

墨史三卷

元陸友撰。《知不足齋叢書》本。《四庫》著録。

嘯齋二譜二卷外録一卷

元張仲壽撰。《武林往哲遺著》本。《墨譜》、《琴譜》二種。

墨法集要一卷

明沈繼孫撰。聚珍板本。《四庫》著録。

墨志一卷

明麻三衡撰。《涉聞梓舊》本。《粤雅堂叢書》本。

筆史一卷

清梁同書撰。《榆園叢刻》本。

端溪硯史三卷

清吴蘭修撰。《嶺南遺書》本。《榆園叢刻》本。

硯林拾遺一卷

清施閏章撰。《愚山外集》本。《玉簡齋叢書》本。

水坑石記一卷

清錢朝鼎撰。《翠琅玕館叢書》本。

雪堂墨品一卷

清張仁熙撰。《翠琅玕館叢書》本。《榆園叢刻》本。《四庫》存目。

漫堂墨品一卷

清宋犖撰。《棉津山人集》本。《翠琅玕館叢書》本。《榆園叢刻》本。《四庫》存目。

金粟箋説一卷

清張燕昌撰。《榆園叢刻》本。

論墨絶句一卷

清謝崧岱撰。光緒癸巳自刻本。

以上藝術類文房之屬

學古編一卷

元吾丘衍撰。《寶顔堂秘笈》本。《武林往哲遺著》本。《篆學瑣著》本。《四庫》著録。

三十五舉一卷

元吾丘衍撰。《咫進齋叢書》本。

續學古編二卷

明何震撰。《篆學瑣著》本。

續三十五舉一卷

清桂馥撰。《海山仙館叢書》本。《咫進齋叢書》本。

再續三十五舉一卷

清桂馥撰。《篆學瑣著》本。

續三十五舉一卷

清黄子高撰。《學海堂叢刻》本。

再續三十五舉一卷

清姚晏撰。《咫進齋叢書》本。《篆學瑣著》本。

續三十五舉一卷鐵筆十三法一卷木瓜室印稿一卷

清余林撰。《歕松叢書》本。

古今印史一卷

明徐官撰。《篆學瑣著》本。

篆學指南一卷

明趙宧光撰。《篆學瑣著》本。

印章考一卷

明方以智撰。《篆學瑣著》本。

摹印傳鐙一卷

清葉爾來撰。《翠琅玕館叢書》本。

印人傳三卷

清周亮工撰。《翠琅玕館叢書》本。《篆學瑣著》本。《四庫》著録。

飛鴻堂續印人傳八卷

清汪啟淑撰。《翠琅玕館叢書》本。《篆學瑣著》本。

印典八卷

清朱象賢撰。《墨池編》附刻本。《四庫》著録。

印章集説一卷

清甘暘撰。《篆學瑣著》本。

印述一卷

清高積厚撰。《篆學瑣著》本。

篆刻十三略一卷

清袁三俊撰。《篆學瑣著》本。

論印絶句一卷

清吴騫撰。《嘯園叢書》本。

印箋説一卷

清徐堅撰。《篆學瑣著》本。

古今印制一卷

清孫光祖撰。《篆學瑣著》本。

印文攷略一卷

清鞠履厚撰。《昭代叢書》本。

秋水園印説一卷印言一卷

清陳鍊撰。《篆學瑣著》本。

印徵二卷

清朱楓撰。乾隆四十六年刻本。

篆印發微一卷

清孫光祖撰。《篆學瑣著》本。

古印攷略一卷

清夏一駒撰。《篆學瑣著》本。

摹印述一卷

清陳澧撰。《東塾叢書》本。

篆刻鍼度八卷

清陳克恕撰。《嘯園叢書》本。

印旨一卷

清程遠撰。《篆學瑣著》本。

兩罍軒印攷漫存九卷

清吴雲撰。原刻本。

印經一卷印章要論一卷

清朱簡撰。《篆學瑣著》本。

敦好堂論印一卷

清吴先聲撰。《篆學瑣著》本。

説篆一卷

清許容撰。《篆學瑣著》本。

紅朮軒紫泥法定本一卷

清汪鎬京撰。《翠琅玕館叢書》本。

六書緣起一卷

清孫光祖撰。《篆學瑣著》本。

篋齋傳古别録一卷筆記一卷

清陳介祺撰。《滂喜齋叢書》本。

以上藝術類篆刻之屬

碣石調幽蘭一卷

陳丘公明撰。《古逸叢書》覆唐卷子本。

琴史六卷

宋朱長文撰。《楝亭十二種》本。

羯鼓録一卷

唐南卓撰。《守山閣叢書》本。《四庫》著録。

樂府雜録一卷

唐段安節撰。《守山閣叢書》本。《四庫》著録。

琵琶録一卷

唐段安節撰。《粤雅堂叢書》本。

琴學八則一卷

清程雄撰。《翠琅玕館叢書》本。

自遠堂琴譜十二卷

清吴灴撰。自遠堂刻本。

立雪齋琴譜二卷

清汪紱撰。《雙池叢書》本。

七國象棋局一卷

宋司馬光撰。葉德輝刻本。

棋訣一卷

宋劉仲甫撰。《武林往哲遺著》本。《四庫》著録。

棋經一卷

宋張儗撰。《守山閣叢書》本。

五木經一卷

唐李翺撰。《津逮秘書》本。

投壺新格一卷

宋司馬光撰。葉德輝仿明刻本。

投壺儀節一卷

明汪禔撰。《觀自得齋叢書》本。

漢官儀一卷

宋劉攽撰。《十萬卷樓叢書》本。

打馬圖經一卷

宋李易安撰。《粤雅堂叢書》本。《觀自得齋叢書》本。葉德輝仿宋刻本。

譜雙四卷

宋洪遵撰。葉德輝刻本。

除紅譜二卷

宋朱河撰。葉德輝刻本。

葉戲原起一卷

清汪師韓撰。《叢睦汪氏遺書》本。

忘憂清樂集一卷

宋李逸民撰。《隨庵叢書》仿宋刻本。

簫譜一卷

清任兆麟撰。林屋吟榭刻本。

桐階副墨一卷

明黎遂球撰。《翠琅玕館叢書》本。

以上藝術類雜技之屬

右子部藝術類二百二十四種，一千零七十三卷，重者不計。

崇雅堂書録卷之九終